ULRIKE RAUHUT (HG.)
VON FRAUEN, KINDERN
UND ANDEREN HIMMELSBOTEN

ULRIKE RAUHUT (HG.)

VON FRAUEN, KINDERN UND ANDEREN HIMMELSBOTEN

WEIHNACHTSGESCHICHTEN VON FRAUEN FÜR FRAUEN

MIX
Papier aus verantwortungsvollen Quellen
FSC® C014138

Dieses Buch wurde auf FSC®-zertifiziertem Papier gedruckt.
FSC® (Forest Stewardship Council®) ist eine nichtstaatliche, gemeinnützige Organisation, die sich für eine ökologische und sozialverantwortliche Nutzung der Wälder unserer Erde einsetzt.

Bibliografische Information der Deutschen Nationalbibliothek

Die Deutsche Nationalbibliothek verzeichnet diese Publikation in der Deutschen Nationalbibliografie; detaillierte bibliografische Daten sind im Internet über http://dnb.d-nb.de abrufbar.

Umschlaggestaltung: Grafikbüro Sonnhüter, www.sonnhueter.com, unter Verwendung zweier Bilder von © Elena Pominova/Shutterstock.com und © Joanna Dorota/Shutterstock.com
Engelillustration © Silke Schmidt, www.silkeundich.de
DTP: Breklumer Print-Service, www.breklumer-print-service.com
Verwendete Schrift: Adobe Garamond Pro, Futura, Segoe Script
Gesamtherstellung: Finidr, s.r.o.
Printed in Czech Republic
ISBN 978-3-7615-6344-1 Print
ISBN 978-3-7615-6345-8 E-Book

www.neukirchener-verlage.de

INHALTSVERZEICHNIS

24 WEIHNACHTSENGEL FÜR DIE BESINNLICHE ZEIT

Woran denken Sie zuerst, wenn Sie an Weihnachten denken? An das Kind in der Krippe vielleicht oder eher an den Duft von frisch gebackenen Plätzchen? Ich denke, beides gehört dazu. Und es ist die Zeit für Geschichten. Denn zu der einen großen Geschichte von Gott, der als Mensch auf die Erde kommt, gesellen sich für jede von uns unzählige persönliche Geschichten. Erinnerungen an Familienglück, aber auch an Streit oder Krankheit. Vertraute Rituale oder auch das Wagnis, mal etwas ganz anders zu machen. Die Besinnlichkeit der stillen Zeit gehört dazu, ebenso wie die hektischen Besorgungen kurz vor den Feiertagen. All dies und noch mehr findet sich auch in den hier versammelten Geschichten wieder. Das Besondere an ihnen? Frauen und Kinder spielen hier die Hauptrollen. In jeder Geschichte steckt eine kleine Weihnachtsbotschaft. Und wer könnte die wohl besser überbringen als ein Himmelsbote? Deshalb gesellt sich zu jeder Geschichte ein Engel, der helfen soll, das Herz für die besondere Botschaft zu öffnen. Wenn das gelingt, dann kann Weihnachten kommen. Mögen sich in Ihrer persönlichen Advents- und Weihnachtszeit viele stille Minuten und Stunden finden lassen, um den Botschaften der Engel zu lauschen!

1 VOM STERN, DER LICHT INS LEBEN BRINGT

Der Engel der Achtsamkeit

Manchmal schickt uns der Himmel einen Fingerzeig, um den Blick in die eigene Seele und die Aufmerksamkeit für die Schönheit des Lebens nicht zu vergessen.

Kurz vor Weihnachten erreichte mich ein merkwürdig anmutender Brief ohne Absender. Obwohl ich meine Weihnachtspost normalerweise bis zum Heiligen Abend aufhob, öffnete ich ihn voller Neugier. Als ich den Bogen aus dem Umschlag zog, fiel ein metallenes Sternchen zu Boden.

Das ist ja eine hübsche Überraschung, dachte ich. Schnell bückte ich mich nach dem kleinen Stern, doch im gleichen Augenblick flog er vor mir her und setzte sich auf die Gardine. Was ist denn das, wunderte ich mich und schüttelte an dem Vorhang; im selben Moment aber funkelte er bereits zwischen den Tannenzweigen des Adventsgestecks auf dem Tisch. Ich versuchte, ihn dort zu packen, doch schon befand er sich auf dem Kragen meiner Bluse.

„Hör endlich auf, mich zu behandeln wie ein lästiges Insekt!", ließ er sich vernehmen. „Was willst du denn?", fragte ich leicht irritiert.

Doch, anstatt zu antworten, zwinkerte er mir nur geheimnisvoll zu. Kurz darauf entdeckte ich ihn auf meinem Bücherregal, wo er auf wundersame Weise einen bestimmten Buchrücken anstrahlte. Es war eine Weile her, dass ich zuletzt in diesem Buch gelesen hatte. Ich nahm es hervor, setzte mich an meinen Schreibtisch und blätterte darin. Unvermittelt schlug ich einen Text auf, den ich zwar kannte, der aber erst in diesem Augenblick zu mir zu sprechen begann.

Ich war noch in Gedanken versunken, als das Sternchen zu einem meiner Fotoalben schwebte. Sein geheimnisvolles Leuchten wies mich dieses Mal an, mich mit bestimmten Bildern intensiv zu befassen. Erinnerungen an besonders glückliche Zeiten stiegen in mir auf und wurden vor meinem inneren Auge wieder lebendig.

Doch der Stern ließ mir auch danach keine Ruhe. Schon hockte er auf einem Pappkarton, in dem ich alte Briefe verwahrte. Ich nahm einen nach dem anderen heraus, bis er einen vergilbten Umschlag erhellte. Die Zeilen einer Freundin aus längst vergangenen Tagen berührten mich in besonderer Weise.

Mir war inzwischen unheimlich zumute. Woher wusste der Stern von den Geheimnissen meiner Seele?

Bevor ich Muße hatte, darüber weiter nachzudenken, hatte er sich im Wohnzimmer in der bereits aufgestellten Krippe unmittelbar auf dem Bauch des Jesuskindes niedergelassen. „Verstehst du jetzt endlich?“, fragte er ungeduldig. Ich atmete tief durch und nickte bedächtig.

Das also war die Botschaft des Sternleins: Gott kommt im Kind, im Kleinen, unscheinbar Anmutenden zur Welt, nicht nur damals im Stall von Betlehem. Auch heute wirkt er durch zahllose, oft nebensächlich erscheinende Dinge. Zum Beispiel durch den Satz eines Buches, der das Herz öffnet und neue Perspektiven erkennen lässt, durch Fotos, die wundervolle Erlebnisse vergegenwärtigen und das Herz in der Erinnerung noch einmal höherschlagen lassen, durch die Zeilen einer Freundin, die einen vor Jahren – mit Erfolg – zu einem neuen Aufbruch bewegt hatten und die für die gegenwärtige Situation wieder von brennender Aktualität waren.

Wie viele wertvolle und wichtige Erfahrungen hatte ich im Laufe meines Lebens bereits gemacht, wie viel Hoffnung und Ermutigung konnte ich daraus für die Gegenwart und die Zukunft gewinnen. Mit einem Mal leuchtete mir das so oft von mir beklagte graue Einerlei meines Alltags in mannigfachen Farben auf und ich versank in den folgenden Nächten in helle und freundliche Träume.

Mein Sternchen ist mir im Laufe des kommenden Jahres treu geblieben. War ich traurig, zog es meine Blicke mit Macht zu den Blumen auf der Fensterbank, hatte ich keinen Mut mehr, verwies es mich auf meine bisherigen Erfolge und meinen Lustlosigkeiten gegenüber öffnete es meine Sinne für die reiche Palette der Lebensgenüsse.

So lernte ich im Laufe dieser zwölf Monate, neben allen enttäuschenden und ernüchternden Alltagserfahrungen, stets einen Blick für das Schöne, für das Bedeutsame und Wesentliche zu gewinnen und ich spürte, wie ich zunehmend heiterer und fröhlicher wurde, bis ich von tiefer Gelassenheit erfüllt war.

Mittlerweile hatte ich mich dermaßen an die Begleitung „meines“ Sternchens gewöhnt, dass ich heftig erschrak, als es sich wenige Tage vor dem nächsten Weihnachtsfest kurz und etwas schroff von mir verabschiedete: „Du weißt ja nun, wie das so geht mit dem Leben, jetzt muss ich noch viele andere Menschen auf die richtige Spur bringen!“ Sprach‘s und war augenblicklich verschwunden.

Ich las noch einmal den Brief, aus dessen Umschlag der

Stern seinerzeit gefallen war. Dort stand nur: „Von jemandem, der dich sehr gern hat.“ Mehr habe ich über den Absender nie erfahren. Aber ich bin sicher, dass die Botschaft direkt vom Himmel kam.

Den Blick
für das Wesentliche gewinnen
und die Freude
in dein Herz einlassen,
der Hoffnung
helle Träume schenken
und der Lebenslust
alle Sinne öffnen,
damit dein Alltag hell wird,
farbig und froh

Christa Spilling-Nöker

2 ÜBERRASCHUNGEN

Der Engel der Versöhnung

Auch ein Missverständnis kann zu einem Fingerzeig werden und dazu verhelfen, den Kreislauf negativer Gedanken zu durchbrechen, damit Menschen neu aufeinander zugehen können.

Sie öffnet ihre Wohnungstür und stutzt. Auf dem Abtreter steht eine kleine Tüte aus Zellophan, oben mit einer roten Schleife zusammengebunden.

Hastig stellt sie ihre Einkaufstasche auf die Schwelle, bückt sich und hebt das Geschenk auf.

Die Tüte knistert in ihren Händen. An der Schleife hängt ein gefaltetes Kärtchen, auf dessen Vorderseite ein roter Stiefel abgebildet ist.

Sie klappt das Kärtchen auseinander. „Vom Nikolaus" steht dort. Das ist alles. Die Handschrift kennt sie nicht. Etwas ungelenk, sieht nach Kinderschrift aus.

Ob Miriam das war?, denkt sie. Aber warum hat sie dann nicht geklingelt? Ich war doch die ganze Zeit da. Sie wollte mir wohl nicht begegnen … Ihr Herz klopft. Es kann nur von Miriam sein. Aber würde das nicht bedeuten, dass ihre Tochter sich wieder mit ihr versöhnen will?

Sie sieht die Tüte an. Plätzchen sind darin. Kleine Sterne und Herzen.

Die Augen werden ihr heiß. Ihr ist ein bisschen schwindelig. Sie geht in die Küche, stellt die Tüte behutsam auf den Tisch, läuft erneut zur Schwelle, holt ihre Tasche, schließt die Wohnungstür und trägt die Tasche in die Küche. Dann setzt sie sich an den Tisch und nimmt die Tüte in beide Hände.

Ganz ruhig, sagt sie, reg dich nicht auf.

Die Plätzchen sehen selbstgebacken aus.

Sie bindet ihren Schal ab und legt ihn sich auf den Schoß.

So ein alberner Streit im Grunde, denkt sie. Wegen so einer Kleinigkeit. Warum habe ich mich eigentlich derart hineingesteigert? Warum war ich so stolz, warum hab ich darauf bestanden, dass sie sich zuerst meldet? Nicht nur das, sondern dass sie sich auch noch entschuldigt! Ich bin doch schließlich älter, da sollte ich so etwas besser wegstecken können. Fünf Monate. Kein Wort. Keine Nachricht. Sie ist doch mein Kind. Was hab ich gelitten. Und nun so eine Geste.

Sie schämt sich. Auf solch eine Idee hätte sie selbst ja auch kommen können, einfach ein kleiner Gruß, eine Karte, eine Blume an die Tür … Da hätte sie sich doch nichts vergeben! Aber nein, sie war stur gewesen, hatte sich zurückgezogen in ihrer Gekränktheit und den Graben nur noch tiefer gemacht.

Ihre Tochter! Ihre Miriam. So großherzig.

Sie schluckt. So ein feiner Mensch. Da kann man ja richtig stolz sein als Mutter. Auf jeden Fall sollte man jetzt nicht länger … Sie lächelt. Ihr ist warm geworden in der geheizten Küche. Sie knöpft den Mantel auf, holt tief Luft, greift zum Telefon und wählt entschlossen Miriams Nummer.

„Hallo, ich bin's …" Doch plötzlich fehlen ihr die Worte. Sie kann nicht mehr klar denken, verhaspelt sich, stottert herum, schluckt wieder und ist erleichtert, als Miriam sie erlöst und zu reden beginnt.

„Mama, welch eine Überraschung! Das ist aber schön!"

„Wie geht es dir, Miriam? Bist du gesund?"

Sie hört ihrer Tochter zu, lauscht dieser Stimme, nach der sie sich so gesehnt hat. „Was machen die Katzen? Wie geht's in der WG? Und dein Studium?“ Sie lauscht und lauscht. Legt die Beine auf den Stuhl gegenüber, stopft sich ein Kissen in den Rücken, lächelt, lehnt sich zurück, wischt sich die Augen.

Zentnerlasten fallen ihr von den Schultern.

Sie reden lange. Und ganz zum Schluss, nachdem sie sich für den kommenden Sonntag zum Kaffee verabredet haben, wird ihr klar, dass sie sich noch gar nicht für die Überraschung bedankt hat.

„Du, die Tüte! Danke! Ich hab mich wirklich gefreut!“

„Welche Tüte?“, fragt Miriam verwundert.

„Komm, jetzt tu nicht so. Die vom Nikolaus. Die mit den Plätzchen. Die du mir vor die Tür gestellt hast.“

„Entschuldige Mama, aber ich hab dir nichts vor die Tür gestellt. Na, vielleicht hast du einen heimlichen Verehrer?“ Miriam lacht. „Jedenfalls wünsch ich dir noch einen schönen Nikolaustag. Bis Sonntag dann, ja? Ich freu mich!“

„Ja, hm. Bis Sonntag.“

Eine Weile sitzt sie sehr still da.

Dann nimmt sie langsam die Füße vom Stuhl und setzt sich auf. Sie betrachtet die Tüte mit den Plätzchen, nimmt sie noch einmal in die Hand, klappt noch einmal die Karte auf. Natürlich ist das nicht Miriams Schrift. Behutsam stellt sie die Tüte wieder auf den Tisch.

Sie steht auf und knöpft ihren Mantel zu. Dann legt sie sich den Schal um den Hals, nimmt die Einkaufstasche und verlässt die Wohnung.

Und während sie die Treppe hinuntersteigt, sieht sie, dass vor jeder der acht Wohnungstüren solch ein Tütchen steht.

Doris Bewertiz

3 MANDELN, ZIMT UND MARZIPAN

Der Engel der Tradition

Hinter vielen bekannten Adventsritualen stecken uralte Geschichten. Es lohnt sich, etwas über den Hintergrund und den tiefen Sinn von scheinbar banalen Traditionen zu erfahren.

„Hm, riecht das hier gut!" Mit Schwung warf Sophie ihren Rucksack in die Ecke und stürmte in die Küche. „Was gibt das Gutes?", fragte sie und hatte den Finger schon in der Teigschüssel.

„Morgen ist erster Advent, da sollten wir vielleicht eine Schüssel voll frischer Weihnachtsplätzchen haben", lachte die Mutter. „Geh und wasche dir die Finger, dann kannst du mir helfen, wenn du Lust hast." „Au, fein, bin gleich wieder da", rief Sophie und verschwand im Bad. Kurze Zeit darauf tauchte sie wieder in der Küche auf, band sich erstaunlicherweise freiwillig eine Schürze um und betrachtete hungrig die Vanillekipferl im Backofen, die dabei waren, eine goldgelbe Farbe anzunehmen.

„Warum backt man eigentlich zu Weihnachten so viele Plätzchen mit Honig, Mandeln, Marzipan und allen möglichen Gewürzen, so ganz anders als sonst im Jahr?", wollte sie wissen.

„Da gibt es eine alte Legende", erzählte die Mutter, während sie Puderzucker, Eigelb und Marzipan zu Makronenmasse verrührte.

„Als die Hirten den Stern von Betlehem gesehen und die Botschaft der Engel gehört hatten, brachen sie unvermittelt auf, um das Wunder im Stall zu sehen. Dabei hatten sie völlig vergessen, dass sie Brot im Ofen hatten. Als sie zurückkehrten, fürchteten sie, dass das Brot völlig verkohlt sei. Dem war aber nicht so. Als sie den Ofen öffneten, strömte ihnen zu ihrer Überraschung ein herrlicher Duft entgegen. Sie probierten das dunkle Brot, das keinesfalls verbrannt war, im Gegenteil: Es war von einer ungeahnten Süße und Würze. Sie gaben davon auch all ihren Freunden und Verwandten.

Damit jeder von den vielen Leuten ein Stück bekommen konnte, brachen sie es in viele kleine Stücke. Zur Erinnerung an dieses Wunder haben sie dann jedes Jahr zu Weihnachten solche kleinen, leckeren Honigkuchen gebacken, äußerlich dunkel wie das Ereignis im Stall von Betlehem, aber von nie gekannter Süße und dem köstlichsten Aroma."

„Super, was du alles weißt!" Sophie war sichtlich beeindruckt. „Aber du backst doch nicht nur Vanillekipferl, obwohl die schon sehr verlockend riechen." Am liebsten hätte sie gleich eines vom Blech stibitzt, das die Mutter gerade aus dem Ofen gezogen hatte.

„Warte noch mit dem Probieren, bis sie abgekühlt sind, dann entfalten sie ihren ganzen Geschmack besser", riet die Mutter, die den Eifer ihrer Tochter diesbezüglich kannte. „Was rührst du denn jetzt gerade an?", war auch schon die nächste Frage. „Das gibt Lebkuchen", erklärte die Mutter, den Teig kannst du gleich auf die Oblaten streichen. Aber die müssen noch über Nacht trocknen, bevor wir sie morgen früh in den Ofen schieben. Du wirst sehen, dann duftet das ganze Haus nach Weihnachten“, ermunterte sie ihre Tochter. „Lebkuchen, was heißt das denn, machen die, dass man länger lebt?“ Die Kleine war jetzt neugierig geworden.

„So kann man es sagen“, erwiderte die Mutter fröhlich. „Das Wort ‚leb‘ kommt aus dem Althochdeutschen und heißt so viel wie ‚Heil- oder Arzneimittel.‘ Früher hat man in den Klostergärten Heilkräuter angepflanzt. Aber anstatt aus deren Blüten oder Saft Medikamente in Form von Tropfen oder Tabletten anzufertigen, hat man daraus Gebäck hergestellt.

Zu Weihnachten hat man natürlich nur die Kräuter ausgesucht, die am besten schmecken. Die hat man dann zu einer Art Heilgebäck, eben „Lebkuchen“, verarbeitet, als Arznei für die Kranken. Diese Kuchen sollen natürlich auch daran erinnern, dass Jesus in erster Linie für die Kranken gekommen ist und nicht für die Gesunden.“

Aber ihre Tochter hatte den letzten Satz schon gar nicht mehr gehört. „Wenn ich davon morgen drei Stück esse, gehen dann meine Halsschmerzen weg?“, fragte sie mit einem sehnsüchtigen Blick auf die mit Eiweiß vermischte Nuss- und Mandelmasse, die, mit Lebkuchengewürz, fein gehacktem Zitronat und Orangeat durchmischt, schon ungebacken außerordentlich gut schmeckte.

„Hast du Halsweh?“, fragte die Mutter besorgt.

„War ja nur so eine Frage“, wich die Kleine aus. „Ich wollte ja nur mal testen, ob das hinhaut mit dem Heilmittel.“ „Pass auf, dass du nach zu viel Lebkuchen nicht plötzlich Bauchweh bekommst. Dann ist die ganze Wirkung dahin.“ Die Mutter musste lachen.

„Backen wir auch Pfefferkuchen?“, wollte Sophie wissen. „Lebkuchen und Pfefferkuchen sind eigentlich das Gleiche“, erwiderte die Mutter. „Zur Zeit des Hochmittelalters begann der Gewürzhandel mit dem Morgenland. Da der Pfeffer besonders teuer und begehrt war, hat man alle Gewürze aus dem Osten als „Pfeffer" bezeichnet.

Und da von jeher zu Weihnachten nur das Beste auf den Tisch kam, hat man das auf besondere Art gewürzte Weihnachtsgebäck eben ‚Pfefferkuchen' genannt."

„Aber Pfeffernüsse gibt es doch auch." Sophie blieb hartnäckig.

„Da kommt außer Anis wirklich richtiger Pfeffer dran. Als ich die das erste Mal gebacken habe, hatte ich auch Sorge, was da wohl aus dem Ofen käme, aber ihr habt sie alle aufgegessen. Die kannst du in der nächsten Woche mal alleine backen, Sophie."

„Mach' ich, wenn du mir das Rezept dazu gibst. Kann Anna mitmachen?" Der Eifer der Elfjährigen war kaum noch zu bremsen. Anna war ihre beste Freundin, und es war ein ungeschriebenes Gesetz zwischen den beiden, dass man alles Schöne miteinander teilt.

„Einverstanden", meinte die Mutter, die froh war, dass Sophie in der neuen Klasse so schnell eine gute Freundin gefunden hatte. „Aber noch mal zurück zu den Lebkuchen. Liegt da noch irgendwo die Tüte mit dem Lebkuchengewürz?" „Ja, hier, hinter dem Schneebesen." „Sieh mal bitte nach, wie viele Gewürze da aufgeführt sind."

„Anis, Zimt, Koriander ..., elf zähle ich." „Ach, es ist alles nicht mehr so, wie es früher mal war", seufzte die Mutter.

„Wieso, was ist denn da falsch dran mit den elf Gewürzen?" „Ursprünglich waren es sieben oder neun Gewürze", erwiderte die Mutter. Die Zahl Sieben erinnert an die Vollendung, die Gott der Welt in sieben Schöpfungstagen gab."

„Das leuchtet ein", erwiderte Sophie, den Mund jetzt voll mit Nusshörnchen, „deshalb ist es gesund, jeden Tag Lebkuchen zu essen ... hm, lecker", lobte sie im gleichen Atemzug die Backkunst der Mutter. „Ja, so ungefähr. Jeder Tag unseres Lebens soll ein gesegneter Tag sein."

„Und was hat es mit der Neun auf sich?" „Die Drei gilt als Zahl göttlicher Vollendung …" „Gott Vater, Sohn und Heiliger Geist", fiel ihr Sophie ins Wort.

„Genau, und die Drei mit sich selbst multipliziert ist dann die Zahl höchster Vollendung. Nicht nur die Lebkuchen, die du da gerade schön vorbereitet hast", die Mutter nickte ihrer Tochter anerkennend zu, „sondern auch das Früchtebrot enthält neun Zutaten." „Backen wir das auch noch?", fragte Sophie sehnsuchtsvoll.

„In diesem Jahr will ich stattdessen mal einen Christstollen backen", meinte die Mutter. „Hat der auch eine Bedeutung?"

„In das Tuch aus Teig werden ja Rosinen, Mandeln und Marzipan, also allerlei süße Sachen, gewickelt. Die sollen an das in Windeln gewickelte Jesuskind erinnern. Aber den Stollen backen wir heute noch nicht. Jetzt wollen wir erst einmal ein paar Spekulatius herstellen. Gibst du mir mal bitte die Holzmodel rüber?"

„Spekulatius, komischer Name. Hat das was damit zu tun, dass man spekulieren muss, wie viele Gewürze da drin sind?" „Nein", die Mutter musste erneut lachen. „Was ist denn los mit dir? So kenne ich dich ja gar nicht. Dein Wissensdurst ist ja unersättlich." „Nun sag schon!", flehte Sophie.

„Spekulatius heißt eigentlich Aufseher, es ist die lateinische Bezeichnung für Bischof."

„Dann backen wir jetzt kleine Bischöfe?" Gedankenverloren betrachtete Sophie die Figuren auf den Holzmodeln. „So ungefähr", schmunzelte die Mutter. „Die Bilder erzählen die Geschichte von Bischof Nikolaus von Myra, der vielen Menschen aus ihrer Not geholfen hat. Auch dazu gibt es eine Legende. Die Einwohner der Stadt Myra waren dem Hungertod nahe und sehnten die lebensrettenden ägyptischen Getreideschiffe herbei.

Doch kurz bevor diese in den Hafen einlaufen konnten, stoppten Piraten mit schnellen Booten die Zufahrt der Schiffe und verlangten, dass die Einwohner sie mit Gold füllen sollten. Aber alle Halsketten und Ringe reichten nicht, die Boote wurden beim besten Willen nicht voll.

Da forderte der Anführer der Seeräuber, dass für jedes fehlende Pfund Gold ein Kind hergegeben werden sollte, das sie als Sklave verkaufen wollten. Du kannst dir vorstellen, wie entsetzt die Menschen, vor allem die Mütter waren, in letzter Minute, als die Kinder schon im Hafen zusammengetrieben worden waren, brachte Bischof Nikolaus das kostbare schwere Kirchengerät aus der Kathedrale zu den Schiffen und rettete damit den Kindern das Leben. Zur Erinnerung an diesen Bischof Nikolaus feiern wir an dessen Todestag den Nikolaustag, aber das weißt du ja."

„Dann gibt es in diesem Jahr Spekulatius zum Nikolaustag?" Sophie war enttäuscht. „Ich hatte ja eigentlich gehofft, dass ich die neueste CD von meiner Lieblingsband vom Nikolaus kriege." Es konnte nicht schaden, die Mutter so kurz vor dem 6. Dezember noch einmal an ihren Wunsch zu erinnern.

„Verwöhnte Jugend", seufzte die Mutter. „Früher gab es Äpfel, Apfelsinen, Schokolade und Nüsse in den Stiefeln. Übrigens galten Nüsse damals auch als Sinnbild für Gottes Wort, in einer rauen, hölzernen Schale ist ein köstlicher Kern verborgen. Es gilt, im Leben die harte Schale zu durchdringen, um an den süßen Kern zu gelangen. Du kennst doch das Sprichwort: Gott gibt die Nüsse, aber aufknacken muss man sie selbst."

„Das könnte man von meinen Hausaufgaben für den Mathetest am Montag auch behaupten", stöhnte Sophie.

„Du musst noch Mathe üben? Dann ab durch die Mitte, den Rest schaffe ich hier schon allein." „Kann ich heute Abend oder morgen noch machen, … was bedeuten denn die Förmchen hier", versuchte Sophie, die Mutter abzulenken. „Kannst du dir selbst überlegen", warf die Mutter ein. „Klar, Sterne stehen für den Stern von Betlehem. Backen wir noch Zimtsterne? Die kann ich ausstechen und mit Zuckerguss bestreichen." „Und die Hälfte vom Teig vorher naschen, ich kenne dich. Nein, die backen wir erst kurz vor Weihnachten."

„Engel sollen an die Verkündigung der Weihnachtsbotschaft erinnern, richtig?", fuhr Sophie fort. „Süßer die Glocken nie klingen …", Sophie hielt die Glockenform in der Hand. „Die Weihnachtsglocken sollen den Frieden einläuten", sagte die Mutter ernst, „wenn das Wunder doch wirklich geschehen würde, dass überall auf der Welt Frieden wäre." „Und die Brezelform, was soll die?"

„Die erinnert an Mönche, die ihre Arme gekreuzt in die Kutten gesteckt haben, zugleich auch an die zusammengebundenen Hände Jesu am Karfreitag."

„Das ist mir jetzt zu ernst. Übrigens, die Makronen sind vielleicht lecker. Sind auch schon abgekühlt", erwiderte sie den vorwurfsvollen Blick der Mutter. „Erzähl mir lieber, was es mit dem Marzipan auf sich hat."

„Genau weiß man nicht, wo diese Bezeichnung herkommt. Die Venezianer prägten im Mittelalter eine Münze, die sie ‚matapan' nannten. Mit dem gleichen Begriff wurde eine Kiste mit einem Rauminhalt von 1/10 Scheffel benannt. In solchen Kisten wurde das ‚marzapane' in den Handel gebracht. In Deutschland wurde es dann bald, weil es aus Venedig stammt, volkstümlich als Marci panis bezeichnet, als Brot des heiligen Markus, der dort begraben liegt. Du erinnerst dich doch noch an den Markusplatz vom Taubenfüttern im letzten Urlaub, oder?" „Klar doch. Jetzt brummt mir aber allmählich der Schädel."

„Solange dir inzwischen nicht der Bauch wehtut, geht es ja noch", meinte die Mutter trocken mit einem Seitenblick auf den schon erheblich reduzierten Makronenteller.

„Da habe ich in der nächsten Woche in der Schule aber was zu erzählen. Wir wollen am Donnerstag in der Schulküche auch Plätzchen backen", fügte sie eifrig hinzu. Vielleicht kriege ich dann in Reli doch noch eine 1, nachdem ich neulich zwei Mal geschwänzt habe."

„Was höre ich da?"

Sophie wurde rot. Sie ärgerte sich, dass ihr das mit dem Schwänzen herausgerutscht war. „Nicht böse sein, Mami, es war so ein gemütlicher Nachmittag, ich mache auch den Abwasch ganz alleine."

„Reumütigen Büßern soll man nicht im Wege stehen", meinte die Mutter und zog sich aus dem Schlachtfeld von klebrigen Schüsseln, Pinseln, Nudelhölzern, Messbechern und Backförmchen zurück.

„Da kann ich ja in Ruhe den Adventskranz binden", lachte sie fröhlich. „Schließlich wollen wir ja morgen Nachmittag die erste Adventskerze anzünden und einige von den Plätzchen knabbern, die du noch übrig gelassen hast."

Christa Spilling-Nöker

4 DREI FRAGEN FÜR GROSSMUTTER

Der Engel der Weisheit

Eine besondere Verbindung zwischen einem Kind und seiner geliebten Großmutter besteht über den Tod hinaus. Die Weisheit der Alten ist ein wertvoller Schlüssel zu den Lebensfragen der Jüngeren.

Christian war ein aufgeweckter und freundlicher Junge. Er lebte am Rande des Dorfes auf einem kleinen Bauernhof, ging nicht so gern zur Schule, liebte aber dafür umso mehr seine Tiere, seine Blumen und die Großmutter. Bei ihr lieh er sich seine Worte, und bei ihr lieh er sich seine Träume, und bei ihr lieh er sich seine Bilder. So nannte er es, wenn er sie im Altenteil besuchte, wo sie zusammen mit Großvater lebte. Er mochte an der alten Frau eigentlich alles: die gütigen, sprechenden Augen, die leise Stimme, die streichelnden Hände, die schlohweißen Haare, die weiße kunstgestrickte Stola, die sie meistens gegen Abend über die Schultern legte, und er liebte ihre Weisheit. Sie ging keiner Frage aus dem Weg, gab aber auch zu, wenn sie keine Antwort wusste, was höchst selten vorkam. Sie konnte auch gut zuhören, und sie war verschwiegen. Das wusste Christian, und so vertraute er ihr alles an, was ihn bedrückte und beglückte. Ja, das war ein Leben.

Singen konnte die Großmutter auch, und sie wusste viele Gedichte. Sie kannte auch die Blumen mit Namen, fand sich in ihrer alten Bibel genauso gut zurecht, machte die besten Bratkartoffeln der Welt und vermochte zu lächeln, wie es schöner nicht sein konnte. Dann legte sich ein strahlender Glanz über ihr Gesicht, und Licht lag in den Falten ihres Antlitzes. Deshalb sagte Christian stets: Ich leihe mir Worte, Träume und Bilder von der Großmutter. Eines Tages würde er sie ihr zurückgeben. Dessen war er sicher. Aber bis dahin wollte er mit ihren Worten reden, mit ihren Träumen träumen und mit ihren Bildern sehen lernen. Das tat unendlich gut; denn auf diese Weise geriet er unversehens in die Vergangenheit, die er so liebte, wenn sie erzählte, und er geriet in die Weite ihrer Träume, die die ganze Welt zu umspannen schienen; und er geriet in ihre Bilder, deren Farben ihn begeisterten, obwohl sie ihm zuweilen auch die Welt der Trauer und des Schreckens zeigten. Das geschah dann, wenn Großmutter von Krieg und Krankheit erzählte. Da geschah es, dass die Großmutter krank wurde. Seit Tagen lag sie im Bett. Weihnachten stand vor der Tür. Die alte Frau wurde schwächer. Als Christian wieder einmal an ihrem Bett saß, sagte sie ihm leise, dass ihre Zeit nun zu Ende ginge. Sie wisse das in ihrem Herzen. Das Alter sei ja auch da, und er solle ganz tapfer sein, wenn sie Abschied nehmen müssten. – Der Junge verstand sie erst nicht, weil sie so behutsam sprach und so leise und so anders als sonst. Neig deinen Kopf etwas zu mir, bat sie ihn. Er tat es. Da spürte er ihre Hand auf seinem Kopf, es war plötzlich eine sehr alte Hand, eine knochige Hand, die aber nichts von ihrer Zärtlichkeit verloren hatte. – Gott behüte dich, mein Junge, sein Engel sei immer bei dir. – Er begann zu weinen, und aus dem Weinen wurde ein Schluchzen. Die Großmutter streichelte ihn und bat ihn, sie nun allein zu lassen; denn sie wollte noch mit dem Großvater sprechen. Mit brennenden Augen verließ er das Zimmer, ohne sich noch einmal umzudrehen. Er verbarg sich in seinem Zimmer. Draußen fiel kleiner Schnee. In dieser Nacht starb die Großmutter. Christian war fassungslos.

Die Tage gingen ins Land. Die Trauerfeier war für den Jungen wichtig. Dann aber fühlte er sich einsam und hilflos. Der Großvater sprach kein Wort. Täglich aber hörte der Junge Geräusche, die aus Großvaters Werkstatt zu ihm drangen: Hämmern, Sägen und Nageln. Christian öffnete vorsichtig die Tür. – Großvater, was machst du da? – Ich baue ein Seelenhäuschen, mein Junge. – Nun erzählte der alte traurige Mann dem Jungen, dass er vor vielen Jahren schon von den Indianern gelesen habe, dass sie sich Seelenhäuschen bauten. – Dieses Häuschen wird dann auf das Kopfende des Grabes gestellt und schön fest in der Erde verankert. – Warum? – Damit die Seele ein Dach über dem Kopf hat, wenn sie mit den Traurigen sprechen will. Wenn dann ein Trauriger nachts zum Grab kommt und ein Gebet spricht, wird die Seele des Verstorbenen sprechen. Zuweilen erscheint auch ihr Gesicht. Dies widerfährt aber nur den Traurigen, den Leisen, den Wartenden und den Horchenden. – Mehr sagte der alte Mann nicht, und der Junge ging in sein Zimmer. Gehörte er denn zu den Traurigen, den Leisen, den Wartenden und den Horchenden? Er dachte lange nach und beschloss schließlich, zum Grab der Großmutter zu gehen, wenn der Großvater das Seelenhäuschen aufgestellt haben würde.

Die Heilige Nacht kam, und Christian schlich sich spät und unbemerkt aus dem Haus, schlich sich in der Dunkelheit zum Friedhof, fand das Grab der Großmutter, sah das Seelenhäuschen und kniete nieder. – Großmutter, flüsterte er, liebe, liebe Großmutter, hörst du mich? – Da schien es, als ginge ein heller Strahl durch das kleine Häuschen, und der Junge hörte: Ja, ich höre dich. Was willst du von mir? Aber bedenk: Ich kann nur in drei Nächten mit dir reden und dann nie mehr. Überleg gut, was du wissen willst. – Großmutter, sagte der Junge, ich möchte von dir wissen, was der Himmel ist? Und was das Leben ist? Und wozu es mich gibt? – Das sind drei gute Fragen, sagte die Stimme, und heute werde ich dir die erste beantworten. Wenn du die erste Antwort erlebt hast, dann komm wieder, und wir werden sehen. Also höre: Suche ein Kind und entdecke den Himmel. – Dann verschwand der helle Strahl im Seelenhäuschen, und der Junge ging voller Gedanken nach Haus.

Am anderen Morgen gingen sie alle zur Kirche, um Weihnachten zu feiern. Christian saß in der zweiten Reihe der alten Kirche, sah den Lichterbaum, hörte die Lieder, sah die leuchtenden Kerzen und grübelte. Da fiel sein Blick auf die große Krippe. Er entdeckte die Weisen aus dem Morgenland, die Hirten auf dem Felde, Maria und Joseph, den Engel und: das Kind. Da stand er auf und ging bis zur Krippe, wo er niederkniete und nur noch das Kind sah. Da schien es ihm, als öffnete das Kind die Augen und spräche: Ich bin das Kind. Ich bin der Himmel. Ich bin dein Freund. – In diesem Augenblick begriff der Junge, dass mit dem Kind in der Krippe der Himmel gekommen war, und der Himmel war offen. – In der kommenden Nacht schlich Christian wieder zum Friedhof, kniete am Grab der Großmutter wieder nieder und flüsterte: Großmutter, ich habe das Kind gefunden, es liegt in der Krippe und hat den Himmel gebracht. Es hat ihn aufgemacht. Ich konnte in den Himmel sehen. – Da war auch wieder der helle Strahl im Seelenhäuschen, und die Stimme sagte: So ist das gut, mein Junge. Das Kind ist der Himmel. Sag das auch Großvater. Er ist ein Trauriger. – Der Junge versprach es. – Nun zu deiner zweiten Frage: Was ist das Leben? Geh in die große Stadt und suche den Flüsterer. – Der Junge versprach es, dankte und sagte artig „Gute Nacht“. Der helle Strahl verschwand, und Christian ging nach Haus.

Am anderen Tag gingen sie in die Stadt. Der Junge hielt Ausschau nach dem Flüsterer. Sie gingen an vielen Schaufenstern vorüber, lachten über komische Menschen, hörten auf die weihnachtliche Musik aus den Lautsprechern, kauften Lebkuchenherzen und Schokolade, aber der Junge fand den Flüsterer nicht. Plötzlich entdeckte Christian den Bettler in der dunklen Nische. Er näherte sich ihm, er stand vor ihm, er sah ihn an, er hockte sich zu ihm, er sah ihm in die Augen, und er staunte. – Wer bist du?, fragte der Junge. – Ich bin Alois, der Bettler, ich habe offene Hände, offene Augen, offene Ohren, ein offenes Herz und eine offene Seele. – Das ist es!, rief der Junge. Das ist es! Das ist das Leben. Und er bedankte sich.

In dieser Nacht begab sich der Junge wieder zum Friedhof, kniete am Grab der Großmutter nieder, sah das Seelenhäuschen, sah den hellen Strahl und sagte: Großmutter, Großmutter, das Leben ist offene Hände, offene Augen, offene Ohren, offenes Herz und offene Seele. – Das ist richtig, mein Junge. Das hast du gut erkannt. Und nun möchtest du wissen, wozu es dich gibt? – Ja, das möchte ich zu gern wissen. Zu gern. – Dann such dir eine Blume, die dir erzählt, warum es gut ist, zu sein. – Der helle Strahl verschwand wieder, und der Junge ging nach Hause. Es gab so viele Blumen. Wo sollte er nur suchen? Und wie sollte er sie finden? Und dann noch im Winter? Es war zum Verzweifeln. Mutlos ging er nach draußen und fand wie von selbst den Weg in Großmutters Staudengarten. Alles Schnee. Der lag dort wie eine riesige weiße Decke, und aus dem Weiß ragten nur starre Stieze der sommerlichen Pracht. Christian grübelte und musste fast weinen. Da brach die Sonne durch die Schneewolken am Himmel, und Christian folgte mit den Augen den glitzernden Strahlen. Da entdeckte er mitten im Schnee zwischen den dunklen Stängeln eine blühende Christrose. Die war so schön und wirkte wie ein Wunder mitten in der Kälte. Die kleine Christrose sagte: Junge, du musst die Schönheit des Lebens nur sehen wollen und entdecken. Dann wirst du blühen wie ich, ganz gleich, wie kalt es um dich herum ist. Denn du bist einmalig. Dich gibt es kein zweites Mal. Deshalb bist du so wichtig. – Christian bedankte sich bei der kleinen Blume und ging nach Hause.

In dieser Nacht schlich er sich wieder aus dem Haus. Er musste lächeln, weil er sich schon fast wie ein Meisterschleicher vorkam. Auf dem Friedhof musste er die kleine Taschenlampe benutzen, denn es war stockdunkel. Dem Jungen war unheimlich zumute. Doch kam ihm schon der kleine helle Schein vom Seelenhäuschen entgegen. Eine Eule strich in sanftem tiefen Flug über den Jungen hinweg und dann quer über die Zedernreihe. Christian schrak zusammen. Jetzt aber stand er am Grab, am Fußende, kniete nieder und flüsterte: Großmutter. Großmutter, ich bin da, dein Licht habe ich schon gesehen, aber wo bist du? – Christian, mein Junge, hörte er die Stimme, kennst du nun das Geheimnis? – Ja, flüsterte er, eine Christrose aus deinem Garten hat es mir erzählt. Ich bin einmalig, und ich muss sehen und entdecken lernen. – Das ist richtig, erwiderte die Stimme der Großmutter, und im selben Augenblick schmolz der helle Schein im Seelenhäuschen zusammen und wurde zum Gesicht der alten Frau, ganz genauso, wie der Junge sie erlebt hatte. – Nun weißt du alles, sagte das Gesicht, und ich freue mich über dich. Jetzt aber komme ich nicht wieder. Ich brauche nun meine Ruhe in der Ewigkeit. – Das Gesicht verschwand, der helle Schein verschwand, das Seelenhäuschen war dunkel, und der Junge überlegte, ob er alles dem Großvater anvertrauen sollte?! – Doch das hatte Zeit.

Peter Spangenberg

5 HERR BERGE LÄDT EIN

Der Engel der unverhofften Begegnung

Eine zufällige Begegnung zwischen Jung und Alt lässt einen Lichtschein in den Alltag fallen und schenkt einen Moment der tiefen Begegnung und Herzenswärme.

An der Fensterscheibe rann dichter Regen hinunter. Herr Berge lehnte sich in seinem Sessel zurück und blickte hinaus. In seinem Wohnzimmer brannte kein Licht. So konnte er besser sehen, was auf der Straße passierte. Jedes Mal, wenn ein Auto vorbei kam, wurde Herr Berges Wohnung in helles Scheinwerferlicht getaucht. Kurz darauf war es wieder dunkel. Herr Berge nahm einen Schluck von seinem Tee. Schwarz musste er sein und stark, fast wie Kaffee. Milch nahm er keine, ganz zu schweigen von Sahne oder Kandis. Herr Berge brauchte nicht viel zum Leben. Keinen Fernseher, keine teuren Möbel und keinen Besuch. Er war gern allein, sich selbst meist genug. Auf niemanden musste er Rücksicht nehmen.

Als es klingelte, zuckte er zusammen. Die alte Standuhr hatte vor ein paar Minuten acht Mal geschlagen. Herr Berge stand auf, ging zur Wohnungstür und betrachtete durch die Kamera, wer vor der Tür stand. Erst vor Kurzem hatte die Hausverwaltung das Ding angebracht. Das gehöre mittlerweile zum Standard von altersgerechten Wohnungen, hatte man Herrn Berge erklärt.

Vor der Haustür standen zwei Gestalten. Gleich fielen ihm Zeitungsberichte von Einbrechern ein, die alte Leute austricksten, um sie auszurauben. Aber bestimmt war das nur Panikmache. „Hallo?“, fragte Herr Berge durch die Gegensprechanlage. „Wer sind Sie? – „Hallo. Ich bin Lara und das ist Jakob, mein Freund. Wir wollten eigentlich zu meiner Großtante. Rosa Zimmermann. Aber sie ist wohl noch unterwegs. Können wir vielleicht kurz bei Ihnen warten, bis sie da ist?“ Die Stimme der Frau klang sehr jung. Sie winkte in die Kamera und zeigte auf sich und ihren Begleiter. Der Regen rauschte im Hintergrund, sodass Herr Berge Mühe hatte, sie genau zu verstehen. Frau Zimmermann – Großtante – nicht da – warten, registrierte er und seufzte. Er wollte die zwei nicht in seiner Wohnung haben. Aber jetzt war es zu spät. Er drückte ohne ein weiteres Wort auf den Türöffner, wartete und knipste das Licht an. Auf einmal war es ihm peinlich, die ganze Zeit in einer so dunklen Wohnung gewesen zu sein.

„Das ist so nett, Herr Berge“, schnaufte die junge Frau, als sie vor ihm stand und schob sich die Kapuze vom Kopf. Blonde Locken umrahmten ihr Gesicht und ihr breites Lächeln entblößte sehr weiße Zähne. Herr Berges Mund wurde schmal. Der junge Mann hinter ihr lächelte. „Wir bleiben auch bestimmt nicht lange“, sagt er beschwichtigend.

Herr Berge nickte langsam und trat einen Schritt zurück, damit die beiden eintreten konnten. „Sie wollen also Frau Zimmermann besuchen?“, fragte er mit gerunzelter Stirn. „Zu dieser Uhrzeit?“ Die junge Frau, die sich als Lara vorgestellt hatte, zuckte entschuldigend mit den Schultern und ließ ihren Rucksack auf das Parkett gleiten. Herr Berge schluckte schwer. Eine große Pfütze breitete sich auf dem

Fußboden aus. „Ja, genau. Wir sind auf der Durchreise und wollten bei meiner Tante Rosa übernachten. Aber irgendwie scheint sie noch nicht da zu sein“, plapperte Lara sofort los. „Und das bei dem Mistwetter“, stimmte ihr der Mann zu. Um seine Füße bildete sich eine Schlammlache. „So, so. Auf der Durchreise“, grummelte Herr Berge. „Ja, wir haben keine Lust auf den Winter in Deutschland. Weihnachten wollen wir in Australien sein“, erzählte die Frau und schüttelte ihren Lockenkopf, sodass Tropfen umherflogen und Herrn Berge an der Wange trafen.

„Wir trampen oder fahren Zug und Fähre“, erklärte Laras Freund Jakob. Trampen, im Winter, nach Australien. Herr Berge hatte selten eine so verrückte Idee gehört. Die beiden waren wohl nicht nur nass, sondern auch größenwahnsinnig und völlig naiv. Immer noch standen sie etwas unschlüssig in der Diele.

„Tante Rosa kommt bestimmt bald nach Hause. Es geht wirklich nur um ein paar Minuten. Weil es doch so nass draußen ist“, versuchte die junge Frau die angespannte Situation aufzulockern. „Schon okay“, murmelte Herr Berge und wies ins Wohnzimmer. „Setzen Sie sich doch“, sagte er leise und war überrascht über seine eigenen Worte. Die beiden folgten ihm ins Wohnzimmer und ließen sich auf dem Sofa nieder. „Schön haben Sie es hier“, sagte Lara, nachdem sie sich kurz umgesehen hatte. „Aber schmücken sie gar nicht?“, fragte sie dann. Herr Berge sah sie verständnislos an. „Schmücken?“ „Ja, für Advent. Haben sie keinen Kranz?“ Herr Berge schüttelte den Kopf. „Wozu? Ich wohne doch alleine hier“, sagte er. Jetzt blickte die junge Frau verständnislos. „Na und? Sie können es sich selbst doch auch schön machen.“ „Wollen Sie vielleicht eine Tasse Tee?“, fragte Herr Berge ausweichend. „Moment“, sagte Lara anstelle einer Antwort und lief zurück in die Diele. Ihr Freund grinste. „Ich würd einen Tee nehmen." Herr Berge nickte verwirrt und setzte neues Teewasser auf. „Hier. Für Sie", sagte die Frau, als sie zu ihm in die Küche kam und hielt ihm eine kleine Dose hin. Herr Berge nahm sie in die Hand. Nun noch verunsicherter. „Was ist das?", fragte er. „Ein Mini-Adventskranz. In die vier Löcher können Sie vier kleine Kerzen stecken. Die sind da drin", erklärte Lara ihm und deutete auf die Dose. „Äh, also ich brauche so etwas wirklich nicht", sagte Herr Berge bestimmt. Lara sah ein wenig enttäuscht aus. „Er ist doch winzig klein. Dann nehmen Sie es wenigstens symbolisch. Meine Mutter hat ihn mir für unsere Reise mitgegeben, aber von einer Freundin hab ich den gleichen bekommen. Advent ohne Adventskranz scheint also gar nicht möglich zu sein." „Also gut", murmelte Herr Berge. „Wenn Sie meinen." Er stellte die kleine Schatulle auf die Arbeitsplatte und goss den Tee auf. „Sie mögen doch schwarzen Tee?", fragte er dann.

Wenig später erzählten Lara und Jakob von ihren Reiseplänen und dass sie sich ein Urlaubssemester genommen hätten. Laras Großtante Rosa war eine der ersten Stationen auf ihrer Reise. Viele Freunde wollten sie auf ihrem Weg treffen. Herr Berge war überrascht, wie viele Menschen die zwei trotz ihres jungen Alters bereits zu kennen schienen.

Er selbst erzählte wenig. Er hörte lieber zu. Das könne er gut, hatte ihm vor langer Zeit einmal jemand gesagt. Doch mit den Jahren waren die Menschen weniger geworden, denen er hätte zuhören können.

Die Standuhr hatte eben erst zehnmal geschlagen, da rief Lara plötzlich: „Ich glaub, sie ist da. Nebenan hat ein Auto gehalten." Herr Berge brauchte einen Augenblick, bis er merkte, dass er selbst sehr lange nicht mehr auf den Verkehr auf der Straße geachtet hatte. Das war ungewöhnlich für ihn. Normalerweise konnte er über Stunden nach draußen sehen und beobachten, wie die Jahreszeiten vor dem Fenster vorbeizogen, Autos hielten, Menschen kamen und gingen. Nur er blieb in seinem Sessel sitzen, begleitet vom lauten Ticken der Uhr.

„Danke, dass wir hier warten durften", sagte Jakob und reichte Herrn Berge die Hand. „Keine Ursache", sagte Herr Berge, auf einmal wieder mit einer Förmlichkeit, die er in den vergangenen zwei Stunden auf wundersame Weise verloren zu haben schien. „Das war sehr nett von Ihnen", sagte auch Lara und drückte seine Hand. Herr Berge nickte und versuchte ein zaghaftes Lächeln. „Gute Reise", sagte er, als die beiden im Treppenhaus verschwanden. Auf einmal war er wieder alleine in seiner Wohnung. Nur noch zwei Wasserpfützen auf dem Parkett erinnerten an die unerwarteten Gäste.

Und ein kleiner Adventskranz, der auf seinen Einsatz am nächsten Sonntag wartete.

Hanna Buiting

6 DIE HEILIGE NACHT

Der Engel der Herrlichkeit

Die Engel, die zum Kind führen,
führen auch in das eigene Herz und öffnen es
für die Not des anderen.

Als ich fünf Jahre alt war, hatte ich einen großen Kummer. Ich weiß kaum, ob ich seitdem einen größeren gehabt habe. Das war, als meine Großmutter starb. Bis dahin hatte sie jeden Tag auf dem Ecksofa in ihrer Stube gesessen und Märchen erzählt. Ich weiß es nicht anders, als dass Großmutter dasaß und erzählte, vom Morgen bis zum Abend, und wir Kinder saßen still neben ihr und hörten zu. Das war ein herrliches Leben. Es gab keine Kinder, denen es so gut ging wie uns.

Ich erinnere mich nicht an sehr viel von meiner Großmutter. Ich erinnere mich, dass sie schönes, kreideweißes Haar hatte und dass sie sehr gebückt ging und dass sie immer dasaß und an einem Strumpf strickte.

Dann erinnere ich mich auch, dass sie, wenn sie ein Märchen erzählt hatte, ihre Hand auf meinen Kopf zu legen pflegte, und dann sagte sie: „Und das alles ist so wahr, wie dass ich dich sehe und du mich siehst."

Ich entsinne mich auch, dass sie schöne Lieder singen konnte, aber das tat sie nicht alle Tage. Eines dieser Lieder handelte von einem Ritter und einer Meerjungfrau und es hatte den Kehrreim: „Es weht so kalt, es weht so kalt, wohl über die weite See."

Dann entsinne ich mich eines kleinen Gebets, das sie mich lehrte, und eines Psalmverses.

Von allen den Geschichten, die sie mir erzählte, habe ich nur eine schwache, unklare Erinnerung. Nur an eine einzige von ihnen erinnere ich mich so gut, dass ich sie erzählen könnte. Es ist eine kleine Geschichte von Jesu Geburt.

Seht, das ist beinahe alles, was ich noch von meiner Großmutter weiß, außer dem, woran ich mich am besten erinnere, nämlich an den großen Schmerz, als sie dahinging.

Ich erinnere mich an den Morgen, an dem das Ecksofa leer stand und es unmöglich war zu begreifen, wie die Stunden des Tages zu Ende gehen sollten. Daran erinnere ich mich. Das vergesse ich nie.

Und ich erinnere mich, dass wir Kinder hingeführt wurden, um die Hand der Toten zu küssen. Und wir hatten Angst, es zu tun, aber da sagte uns jemand, dass wir nun zum letzten Mal Großmutter für alle die Freude danken könnten, die sie uns gebracht hatte. Und ich erinnere mich, wie Märchen und Lieder vom Hause wegfuhren, in einen langen schwarzen Sarg gepackt, und niemals wiederkamen.

Ich erinnere mich, dass etwas aus dem Leben verschwunden war. Es war, als hätte sich die Tür zu einer ganzen schönen, verzauberten Welt geschlossen, in der wir früher frei aus und ein gehen durften. Und nun gab es niemand mehr, der sich darauf verstand, diese Tür zu öffnen.

Und ich erinnere mich, dass wir Kinder so allmählich lernten, mit Spielzeug und Puppen zu spielen und zu leben wie andere Kinder auch, und da konnte es ja den Anschein haben, als vermissten wir Großmutter nicht mehr, als erinnerten wir uns nicht mehr an sie. Aber noch heute, nach vierzig Jahren, wie ich dasitze und die Legenden über Christus sammle, die ich drüben im Morgenland gehört habe, wacht die kleine Geschichte von Jesu Geburt, die meine Großmutter zu erzählen pflegte, in mir auf. Und ich bekomme Lust, sie noch einmal zu erzählen und sie auch in meine Sammlung mit aufzunehmen.

Es war an einem Weihnachtstag, alle waren zur Kirche gefahren, außer Großmutter und mir. Ich glaube, wir beide waren im ganzen Hause allein. Wir hatten nicht mitfahren können, weil die eine zu jung und die andere zu alt war. Und alle beide waren wir betrübt, dass wir nicht zum Mettegesang fahren und die Weihnachtslichter sehen konnten.

Aber wie wir so in unserer Einsamkeit saßen, fing Großmutter zu erzählen an.

„Es war einmal ein Mann", sagte sie, „der in die dunkle Nacht hinausging, um sich Feuer zu leihen. Er ging von Haus zu Haus und klopfte an. ‚Ihr lieben Leute, helft mir!', sagte er. ‚Mein Weib hat eben ein Kindlein geboren, und ich muss Feuer anzünden, um es und den Kleinen zu erwärmen!' Aber es war tiefe Nacht, so dass alle Menschen schliefen, und niemand antwortete ihm. Der Mann ging und ging. Endlich erblickte er in weiter Ferne einen Feuerschein. Da wanderte er dieser Richtung zu und sah, dass das Feuer im Freien brannte. Eine Menge weißer Schafe lag rings um das Feuer und schlief und ein alter Hirt wachte über der Herde. Als der Mann, der Feuer leihen wollte, zu den Schafen kam, sah er, dass drei große Hunde zu Füßen des Hirten ruhten und schliefen. Sie erwachten alle drei bei seinem Kommen und sperrten ihre weiten Rachen auf, als ob sie bellen wollten, aber man vernahm keinen Laut. Der Mann sah, dass sich die Haare auf ihrem Rücken sträubten, er sah, wie ihre scharfen Zähne funkelnd weiß im Feuerschein leuchteten, und wie sie auf ihn losstürzten. Er fühlte, dass einer nach seiner Hand schnappte und dass einer sich an seine Kehle hängte. Aber die Kinnladen und die Zähne, mit denen die Hunde beißen wollten, gehorchten ihnen nicht, und der Mann litt nicht den kleinsten Schaden. Nun wollte der Mann weitergehen, um das zu finden, was er brauchte. Aber die Schafe lagen so dicht nebeneinander, Rücken an Rücken, dass er nicht vorwärts kommen konnte. Da stieg der Mann auf die Rücken der Tiere und wanderte über sie hin dem Feuer zu. Und keins von den Tieren wachte auf oder regte sich." So weit hatte Großmutter ungestört erzählen können, aber nun konnte ich es nicht lassen, sie zu unterbrechen. „Warum regten sie sich nicht, Großmutter?", fragte ich. „Das wirst du nach einem Weilchen schon erfahren", sagte Großmutter und fuhr mit ihrer Geschichte fort. „Als der Mann fast beim Feuer angelangt war, sah der Hirt auf. Es war ein alter, mürrischer Mann, der unwirsch und hart gegen alle Menschen war. Und als er einen Fremden kommen sah, griff er nach seinem langen, spitzigen Stabe, den er in der Hand zu halten pflegte, wenn er seine Herde hütete, und warf ihn nach ihm. Und der Stab fuhr zischend gerade auf den Mann los, aber ehe er ihn traf, wich er zur Seite und sauste, an ihm vorbei, weit über das Feld." Als Großmutter so weit gekommen war, unterbrach ich sie abermals. „Großmutter, warum wollte der Stock den Mann nicht schlagen?" Aber Großmutter ließ es sich nicht einfallen, mir zu antworten, sondern fuhr mit ihrer Erzählung fort. „Nun kam der Mann zu dem Hirten und sagte zu ihm: ‚Guter Freund, hilf mir und leih mir ein wenig Feuer. Mein Weib hat eben ein Kindlein geboren, und ich muss Feuer machen, um es und den Kleinen zu erwärmen.' Der Hirt hätte am liebsten nein gesagt, aber als er daran dachte, dass die Hunde dem Manne nicht hatten schaden können, dass die Schafe nicht vor ihm davongelaufen waren und dass sein Stab ihn nicht fällen wollte, da wurde ihm ein wenig bange, und er wagte es nicht, dem Fremden das abzuschlagen, was er begehrte. ‚Nimm, so viel du brauchst', sagte er zu dem Manne.

Aber das Feuer war beinahe ausgebrannt. Es waren keine Scheite und Zweige mehr übrig, sondern nur ein großer Gluthaufen, und der Fremde hatte weder Schaufel noch Eimer, worin er die roten Kohlen hätte tragen können. Als der Hirt dies sah, sagte er abermals: ‚Nimm, so viel du brauchst!' Und er freute sich, dass der Mann kein Feuer wegtragen konnte. Aber der Mann beugte sich hinunter, holte die Kohlen mit bloßen Händen aus der Asche und legte sie in seinen Mantel. Und weder versengten die Kohlen seine Hände, als er sie berührte, noch versengten sie seinen Mantel, sondern der Mann trug sie fort, als wenn es Nüsse oder Äpfel gewesen wären." Aber hier wurde die Märchenerzählerin zum dritten Mal unterbrochen. „Großmutter, warum wollte die Kohle den Mann nicht brennen?" „Das wirst du schon hören", sagte Großmutter, und dann erzählte sie weiter. „Als dieser Hirt, der ein so böser, mürrischer Mann war, dies alles sah, begann er sich bei sich selbst zu wundern: Was kann dies für eine Nacht sein, wo die Hunde nicht beißen, die Schafe nicht erschrecken, die Lanze nicht tötet und das Feuer nicht brennt? Er rief den Fremden zurück und sagte zu ihm: ‚Was ist dies für eine Nacht? Und woher kommt es, dass alle Dinge dir Barmherzigkeit zeigen?' Da sagte der Mann: ‚Ich kann es dir nicht sagen, wenn du selber es nicht siehst.' Und er wollte seiner Wege gehen, um bald ein Feuer anzünden und Weib und Kind wärmen zu können.

Aber da dachte der Hirt, er wolle den Mann nicht ganz aus dem Gesicht verlieren, bevor er erfahren hätte, was dies alles bedeute.

Er stand auf und ging ihm nach, bis er dorthin kam, wo der Fremde daheim war. Da sah der Hirt, dass der Mann nicht einmal eine Hütte hatte, um darin zu wohnen, sondern er hatte sein Weib und sein Kind in einer Berggrotte liegen, wo es nichts gab als nackte, kalte Steinwände.

Aber der Hirt dachte, dass das arme unschuldige Kindlein vielleicht dort in der Grotte erfrieren würde, und obgleich er ein harter Mann war, wurde er davon doch ergriffen und beschloss, dem Kinde zu helfen. Und er löste sein Ränzel von der Schulter und nahm daraus ein weiches, weißes Schaffell hervor. Das gab er dem fremden Manne und sagte, er möge das Kind darauf betten.

Aber in demselben Augenblick, in dem er zeigte, dass auch er barmherzig sein konnte, wurden ihm die Augen geöffnet, und er sah, was er vorher nicht hatte sehen, und hörte, was er vorher nicht hatte hören können. Er sah, dass rund um ihn ein dichter Kreis von kleinen, silberbeflügelten Englein stand. Und jedes von ihnen hielt ein Saitenspiel in der Hand, und alle sangen sie mit lauter Stimme, dass in dieser Nacht der Heiland geboren wäre, der die Welt von ihren Sünden erlösen solle.

Da begriff er, warum in dieser Nacht alle Dinge so froh waren, dass sie niemand etwas zu Leide tun wollten. Und nicht nur rings um den Hirten waren Engel, sondern er sah sie überall. Sie saßen in der Grotte und sie saßen auf dem Berge und sie flogen unter dem Himmel. Sie kamen in großen Scharen über den Weg gegangen, und wie sie vorbeikamen, blieben sie stehen und warfen einen Blick auf das Kind.

Es herrschte eitel Jubel und Freude und Singen und Spiel, und das alles sah er in der dunklen Nacht, in der er früher nichts zu gewahren vermocht hatte. Und er wurde so froh, dass seine Augen geöffnet waren, dass er auf die Knie fiel und Gott dankte."

Aber als Großmutter so weit gekommen war, seufzte sie und sagte: „Aber was der Hirte sah, das könnten wir auch sehen, denn die Engel fliegen in jeder Weihnachtsnacht unter dem Himmel, wenn wir sie nur zu gewahren vermögen."

Und dann legte Großmutter ihre Hand auf meinen Kopf und sagte: „Dies sollst du dir merken, denn es ist so wahr, wie dass ich dich sehe und du mich siehst. Nicht auf Lichter und Lampen kommt es an, und es liegt nicht an Mond und Sonne, sondern was Not tut, ist, dass wir Augen haben, die Gottes Herrlichkeit sehen können."

Selma Lagerlöf

7 STERNTALER

Der Engel der Barmherzigkeit

Ein altes Gleichnis dafür,
was wahre Frömmigkeit ist
und dass selbstloses Teilen reich macht.

Es war einmal ein kleines Mädchen, dem war Vater und Mutter gestorben, und es war so arm, dass es kein Kämmerchen mehr hatte, darin zu wohnen, und kein Bettchen mehr hatte, darin zu schlafen, und endlich gar nichts mehr als die Kleider auf dem Leib und ein Stückchen Brot in der Hand, das ihm ein mitleidiges Herz geschenkt hatte. Es war aber gut und fromm. Und weil es so von aller Welt verlassen war, ging es im Vertrauen auf den lieben Gott hinaus ins Feld.

Da begegnete ihm ein armer Mann, der sprach: „Ach, gib mir etwas zu essen, ich bin so hungrig." Es reichte ihm das ganze Stückchen Brot und sagte: „Gott segne dir's," und ging weiter. Da kam ein Kind, das jammerte und sprach: „Es friert mich so an meinem Kopfe, schenk mir etwas, womit ich ihn bedecken kann." Da tat es seine Mütze ab und gab sie ihm. Und als es noch eine Weile gegangen war, kam wieder ein Kind und hatte kein Leibchen an und fror: da gab es ihm seins; und noch weiter, da bat eins um ein Röcklein, das gab es auch von sich hin. Endlich gelangte es in einen Wald, und es war schon dunkel geworden, da kam noch eins und bat um ein Hemdlein, und das fromme Mädchen dachte: „Es ist dunkle Nacht, da sieht dich niemand, du kannst wohl dein Hemd weggeben,“ und zog das Hemd ab und gab es auch noch hin.

Und wie es so stand und gar nichts mehr hatte, fielen auf einmal die Sterne vom Himmel, und waren lauter blanke Taler; und ob es gleich sein Hemdlein weggegeben, so hatte es ein neues an, und das war vom allerfeinsten Linnen. Da sammelte es sich die Taler hinein und war reich für sein Lebtag.

Gebrüder Grimm

8 DIE NÄRRISCHE ALTE

Der Engel der Großherzigkeit

Wir leben in einer Welt, in der Haben mehr gilt als Sein. Wie gut, dass es Menschen gibt, die den Mut haben, allen Konventionen zum Trotz für andere zum Engel zu werden.

„Hast du mal 'nen Euro?" Der Junge mit dem lila-grün eingefärbten und einer unendlichen Menge von Gel gestylten Haarkamm grinste provozierend, war aber völlig perplex, als die zierliche alte Dame, die er gerade angeschnorrt hatte, stehen blieb, in die Tasche griff und ein paar Eurostücke zutage beförderte.

„Hier, mein Junge, weil heute Weihnachten ist. Reicht dir das denn überhaupt? Ich kann dir auch mehr geben." Mit stiller Selbstverständlichkeit verschwand die kleine, runzelige Hand noch einmal in der dunklen Ledertasche und holte zwei weitere Euromünzen heraus.

„Nimm nur, Junge, du willst dir sicher etwas zu essen kaufen", lächelte sie den verdutzten Punk an, der es gewohnt war, dass ältere Herrschaften angesichts seines Outfits eher die Flucht ergriffen, als auch nur paar Cent herauszurücken. „Du bist ja 'ne echt geile Oma", rief er überrascht, „danke, ey!" Breit grinsend drehte er sich um, tippte sich leicht mit dem Finger an die Stirn und tauchte in der Menschenmenge unter.

Ein paar andere Passanten in der Haupteinkaufsstraße waren stehen geblieben und hatten das Schauspiel teils amüsiert, teils mit gerunzelter Stirn betrachtet. Kopfschüttelnd setzten sie sich wieder mit ihren schweren Einkaufstaschen in Bewegung, als die Szene ihr vorläufiges Ende gefunden hatte.

Natürlich hatte der Punk mit dem Hahnenkamm auf dem Kopf in der Szene längst Bescheid gesagt, dass unweit vom Weihnachtsmarkt, eine ‚närrische Alte' stünde, die ihm einfach so Geld in die Hand gedrückt hatte.

„Du bist wohl high, wa?", fragten einige der anderen Gestalten in abgewetzten Lederjacken, setzten sich dann aber doch Richtung Weihnachtsmarkt in Bewegung.

Sie hatten Glück. Die ‚närrische Alte', mit zivilem Namen ‚Frau Engel', war noch da – inzwischen aber umlagert von angetrunkenen Pennern und kleinen Kindern, deren Mütter verzweifelt versuchten, das Interesse der Kleinen auf das nahegelegene Karussell, auf Kartoffelpuffer oder gebrannte Mandeln zu lenken. Derweil verteilte die kleine Frau unbeirrbar klingende Münzen und später, als ihr der nicht unerhebliche Vorrat an gewichtigem Hartgeld ausgegangen war, auch kleinere und größere Geldscheine. „Weil heute Weihnachten ist, soll hier niemand Not leiden. Ich möchte, dass sich jeder in dieser Stadt heute ein wenig freuen kann", erklärte sie ihr unübliches Tun.

Inzwischen hatte sich einer der Sprösslinge von der Hand seiner besorgten Mutter losgerissen und sich einen Weg durch die zahllosen Hosenbeine gebahnt, bis er direkt vor der Alten stand. „Bitte!", flehte der Kleine, der irgendwie mitbekommen hatte, dass es hier etwas umsonst gab, „bitte, wenn du so viel Geld hast, dass du es einfach verschenken kannst, dann kaufe mir doch bitte, bitte den großen Teddybären da hinten im Kaufhaus. Ich habe ihn mir ganz doll vom Weihnachtsmann gewünscht, aber die Mama hat gesagt, dass der Weihnachtsmann das ganze Jahr über genauso arbeitslos ist wie der Papa schon seit zwei Jahren, und dass er dieses Mal anderen Kindern was bringen müsse, und dass deshalb das Geld für meinen Teddy nicht reichen würde." Seine Worte überschlugen sich fast. Augen und Nase produzierten gleichzeitig Feuchtigkeit, die unter Schluchzen im Ärmel des Kleinen verschwand.

Die alte Frau war gerührt und nahe daran, mit dem Kleinen zusammen ein paar Tränen zu vergießen. „Darf es das geben, dass in unserer Wohlstandsgesellschaft ein Kind von einem Plüschteddy träumt, den es zu Weihnachten nicht bekommen kann, weil die Eltern das Geld dafür nicht aufbringen?", murmelte sie leise vor sich hin, um dann mit lauter Stimme zu dem Kleinen zu sagen: „Natürlich kaufe ich dir den Teddy, komm!"

Sie fasste das Kind eben fest bei der Hand, um mit ihm zusammen zum Kaufhaus zu gehen, als die Mutter des Knaben es endlich geschafft hatte, sich durch die lärmende und grölende Menge bis zu den beiden durchzuschlagen.

„Lassen Sie das Kind los!", fauchte sie die Alte an, „Sie sind ja nicht ganz richtig im Kopf. Verteilen hier Geld auf der Straße, und jetzt wollen Sie meinen Jungen entführen. Das ist doch ein abgekartetes Spiel! Erst markieren Sie die Samariterin und dann wartet an der Ecke wahrscheinlich irgendein Zuhälter, dem Sie die Kinder zuführen, Sie, Sie raffiniertes Biest, Sie!" Die wohlwollende Stimmung schlug plötzlich um.

Einige andere junge Mütter packten ihre Kinder fest an der Hand und zerrten sie mit aller Gewalt von dem Menschenauflauf fort, andere, die nur die letzten Worte aufgeschnappt hatten, riefen nach der Polizei. Das brachte auch die inzwischen eingetroffenen Punker dazu, sich lieber schnell aus dem Staub zu machen, als noch ein weiteres der zuvor so großzügig verteilten Geldstücke zu ergattern. Auch die Penner verzogen sich eilig und begannen, das unerwartete Weihnachtsgeld in Spirituosen umzusetzen.

Frau Engel begriff überhaupt nicht, was um sie herum geschah. Was hatte sie denn Böses getan? Sie hatte den Leuten eine Freude machen wollen, vor allem denen, die ohnehin nicht viel hatten. Für einen Obdachlosen waren zehn Euro doch eine Menge Geld, so konnte er sich wenigstens am Heiligen Abend etwas Warmes zu essen und eine Flasche billigen Rotwein leisten.

Und wenn das Lachen eines Kindes nur den Preis eines großen Plüschteddys kostete, so konnte man doch nicht mit gutem Gewissen das Ersparte auf der Bank liegen und sich auf dem Papier vermehren lassen. Wer hatte denn etwas davon?

Weiter kam sie nicht in ihrer Lebensphilosophie, denn inzwischen hatte irgendjemand einen Streifenbeamten aufgetrieben. „Da ist die Verrückte!“, rief einer, und wies mit dem Finger auf sie. „Die gehört ja ins Irrenhaus!“, rief ein anderer. „Die macht sich an unsere Kinder heran!“, schrien einige der jungen Mütter. Es war keiner mehr da, der für Frau Engel ein gutes Wort hätte einlegen oder ihre Harmlosigkeit hätte bezeugen können. Der Streifenbeamte wusste auch nicht so genau, was er mit der Frau anfangen sollte, aber um die erhitzten Gemüter zu beruhigen und den Menschenauflauf aufzulösen, nahm er sie erst einmal mit zur Wache.

„Hier bringe ich dir eine arme Irre“, berichtete er seinem Kollegen, „die verschenkt ihre Rente auf offener Straße und jetzt hatten einige Frauen Angst, dass das nur eine Masche sei, um sich an ihre Kinder heranzumachen.“ „Was es nicht alles gibt“, antwortete der rundliche Beamte hinter dem Schreibtisch lakonisch.

Er hatte in jeder Beziehung ein dickes Fell und war so schnell durch nichts aus der Ruhe zu bringen. „Mach mal ein Protokoll mit ihr", erwiderte der Erste. „Ich hole mir erst mal einen Kaffee. Wollen Sie auch einen, Frau, Frau, wie heißen Sie überhaupt?"

„Engel, Gabrielle", antwortete Frau Engel wahrheitsgemäß, sie war Französin und seit über dreißig Jahren in zweiter Ehe mit Herrn Engel verheiratet. Jetzt runzelte auch der gemütliche Beamte die Stirn. „Die spinnt ja wirklich", meinte er, „behauptet hier, sie sei der Engel Gabriel. Haben Sie Ihre Papiere bei sich, gute Frau?" Sie schüttelte nur müde den Kopf. Was sollte sie hier, sie hatte den Menschen doch nur eine Freude machen wollen. Die nächste Frage des Beamten, wo sie denn wohne, hörte sie schon gar nicht mehr. Eigentlich wollte sie um siebzehn Uhr zusammen mit ihrem Mann in die Christvesper gehen. Völlig in Gedanken versunken sang sie leise „Vom Himmel hoch, da komm ich her" vor sich hin. Jetzt wurde es selbst dem dicken Beamten zu dumm. „Wollen Sie etwa behaupten, dass Sie im Himmel wohnen?", frage er gereizt.

„Ja, nein, Sternstraße 7, was wollen Sie überhaupt von mir?", murmelte sie erschöpft. „Die ist ja wirklich durchgeknallt", brummte der Beamte am Schreibtisch, „jetzt behauptet sie, sie komme von einem anderen Stern, Wolke 7 oder so. Mit der kann ich kein Protokoll machen." „Es ist gleich fünf Uhr", sagte der Erste, der inzwischen mit drei Bechern lauwarmem Automatenkaffee zurückgekommen war, „ich habe jetzt Feierabend. Die Kinder warten zu Hause auf die Bescherung."

„Und was soll ich jetzt mit der Verrückten machen?", erwiderte der Dicke. „Ich kann hier doch nicht die ganze Nachtschicht über auf die närrische Alte aufpassen." „Bring sie doch in die Psychiatrische", schlug der andere vor, „vielleicht kriegen die was aus ihr heraus, die haben mehr Übung im Umgang mit solchen Leuten."

„Eine gute Idee, ich rufe da gleich mal an, vielleicht kann sie einer von den Pflegern abholen, dann habe ich hier keine Scherereien mehr mit ihr."

Es dauerte keine zwanzig Minuten, bis zwei Pfleger in weißen Kitteln auftauchten und Frau Engel grinsend in Empfang nahmen. „Nun, dann wollen wir unseren Weihnachtsengel mal mitnehmen, wer weiß, was er uns noch alles bescheren wird", lachten sie freundlich. Der Polizeibeamte hatte am Telefon kurz gesagt, worum es ging. „Bringen Sie mich nach Hause, bitte!", flehte Frau Engel. „Wird gemacht, Oma, jetzt bist du gleich auf Wolke 7", spottete der jüngere der beiden Männer, „du kommst doch vom Himmel hoch, oder habe ich das falsch verstanden?"

„Was soll denn das ganze Spektakel, heute ist Heiligabend und ich möchte jetzt in die Kirche gehen", erwiderte Frau Engel, „außerdem, was fällt Ihnen überhaupt ein, mich zu duzen!"

„Immerhin weiß sie, was für einen Tag wir heute haben", lachte der Ältere. Inzwischen hatten sie Frau Engel fest untergehakt und sie in die Klinik gebracht, wo sich das schwere Eisengitter rasch hinter ihnen schloss. „In die Geschlossene?", meinte der Erste. „Lass mal, vielleicht ist ja doch noch etwas aus ihr herauszukriegen. Irgendwo muss sie doch wohnen. Ich gehe mal mit ihr ins Sprechzimmer." „Wie du meinst", erwiderte der junge Pfleger. „Ich glaube nicht, dass das was bringt, aber du hast da ja mehr Erfahrung."

Er setzte sich mit Frau Engel in das kahle Zimmer. „Wie sieht es denn hier aus?", sagte die alte Dame entrüstet, „nicht einmal eine Kerze oder einen Tannenzweig haben Sie auf dem Tisch." „Sie wissen also, dass heute Weihnachten ist?", begann der Ältere das Gespräch. „Natürlich weiß ich das", erwiderte sie gereizt. „Aber Sie scheinen das nicht zu wissen, so grau und nüchtern, wie es bei Ihnen aussieht. Nicht einmal einen Teller mit Spekulatius sehe ich hier." „Gute Frau", erwiderte der Pfleger, „wir sind hier nicht in einem Café, sondern im Krankenhaus."

„Im Irrenhaus, wollten Sie sagen." Sie war jetzt wirklich ungehalten. „Jetzt rufen Sie doch bitte meinen Mann an, damit der mich abholen kann." „Sie sind verheiratet?", fragte der Pfleger freundlich, „und wie heißt Ihr Mann?" „Engel, genauso wie ich", erwiderte sie, doch bevor der Pfleger erneut sein breites Grinsen aufsetzen konnte, fuhr sie fort: „Heribert Engel, Diplomkaufmann, Sternstraße 7."

„Aber warum haben Sie das denn der Polizei nicht gleich gesagt?", fragte der Pfleger, der sich im Telefonbuch davon überzeugte, dass in der Sternstraße 7 tatsächlich ein Heribert und eine Gabrielle Engel wohnten. „Die Beamten haben mir ja gar nicht richtig zugehört, sondern mir jedes Wort im Mund verdreht", erwiderte sie empört.

Es dauerte nicht lange, bis ihr Mann eintraf. Der freundliche Pfleger schloss die schwere Eingangstür auf und berichtete Herrn Engel mit wenigen Worten, wie seine Frau in die Klinik gekommen sei.

„Können Sie mir erklären, warum sie da den ganzen Tag auf der Straße steht und Geld an wildfremde Leute verschenkt? Sie müssen zugeben, dass das schon ziemlich verrückt ist. Jeder ist heutzutage froh, wenn er möglichst viel verdient und sein Scherflein ins Trockene bringt. Da stellt man sich doch nicht einfach irgendwo hin und schmeißt mit dem Geld nur so um sich. Was hat sie denn davon?" „Das will ich Ihnen gern erklären, guter Mann", erwiderte Herr Engel ruhig. „Sie lebt nicht nach dem Grundsatz: ‚Was habe ich denn davon?', sondern sie fragt: ‚Was haben andere davon?' Sie müssen wissen", fügte er nach kurzer Pause hinzu, „dass meine Frau vor fünf Jahren sehr krank gewesen ist. Wir rechneten mit dem Schlimmsten.

In dieser Zeit hat ihr Sohn aus erster Ehe auf hinterlistige Art und Weise versucht, sich vorzeitig an das für ihn ausstehende Erbe heranzumachen. Er hätte sie für diesen Zweck am liebsten entmündigen lassen.

Als sie wider Erwarten gesund wurde und das falsche Spiel ihres Sohnes durchschaut hatte, hat sie sich geschworen, dass der eines Tages keinen Pfennig von ihrem Geld sieht. Seither hat sie es sich zur Aufgabe gemacht, ihre Sparbücher zu plündern und mit ihrem Geld vor Ort die Herzen derer zu erfreuen, die es ihrer Ansicht nach nötiger brauchen als der feine Herr Sohn."

Er schwieg einen Augenblick, um dann zögernd hinzuzusetzen: „Nun frage ich Sie eins: Warum wird es in unserer Gesellschaft eher für normal gehalten, sein Geld zu raffen und zu raffen und sich möglicherweise noch vorzeitig ein ausstehendes Erbe unter den Nagel zu reißen, als es den Bedürftigen zu geben, um ihnen eine Freude zu machen? Warum sperrt keiner die Erbschleicher hinter Gitter und die, die den Hals nicht vollkriegen können und immer nur an sich denken, sondern eine harmlose alte Dame, die nach anderen moralischen Grundsätzen lebt als die meisten Menschen hierzulande?" Der Pfleger war sichtlich irritiert. Sich mit Geldanlagen zu beschäftigen, war eines seiner Hobbys. „Ich führe Sie jetzt zu Ihrer Frau", lenkte er ab.

„Komm, mein Weihnachtsengel!", sagte Herr Engel liebevoll, als er seine Frau im Sprechzimmer zärtlich in die Arme schloss, „wir fahren jetzt nach Hause und zünden die Kerzen am Weihnachtsbaum an." Arm in Arm verließen die beiden die Klinik.

„Der spinnt ja genauso." Der junge Pfleger war gerade aus dem Speisesaal gekommen und hatte die letzten Worte noch aufgeschnappt.

„Ich weiß nicht, wer da spinnt", erwiderte der Ältere und

sah dem Ehepaar Engel vom Fenster aus nachdenklich nach, als es in den Wagen stieg.

Nachdem sie ein kurzes Stück gefahren waren, legte Gabrielle ihre Hand auf den Arm ihres Mannes. „Was ist, Gabrielle, hast du noch einen Wunsch?" „Ach, bitte, Heribert, Liebster, kommen wir nicht noch an einer Konditorei vorbei?" „Ja, bei Meisters, aber wir haben doch zu Hause den wunderbaren Christstollen, den du selbst gebacken hast." „Ach, nicht für uns, Heribert, ich meine ja nur, ob die wohl heute Abend noch ein Paket Kuchen austragen? Die beiden Pfleger in der Klinik waren so nett zu mir, aber sie hatten wohl vor lauter Arbeit keine Zeit dazu gehabt, es sich zu Weihnachten ein bisschen gemütlich zu machen."

Für andere Menschen
ein Herz haben –
Teilen und verschenken
von dem, was man selbst
in Fülle hat –
ein Licht der Freude entzünden
bei denen
die auf der Schattenseite
des Lebens stehen –
und dabei
unscheinbar und leise
zu einem Engel werden.

Christa Spilling-Nöker

9 DAS KRIPPENHUHN

Der Engel der Kreativität

Viel wertvoller als ein scheinbar hochwertiger Gegenstand ist oft das Selbstgemachte, an dem Herzblut und Erinnerungen hängen.

Ja, da staunen Sie, was? Fünfundfünfzig Jahre ist die jetzt alt. Meine Krippe.

Der Nachbar hat nämlich Zigarren geraucht, und als ich wieder einmal borgen ging, sah ich die Kiste. Dünnes, helles Holz. Schönes Holz. Deckel und Boden groß genug, zwei Figuren auszusägen. Und vielleicht aus den Seiten noch ein paar kleine Schafe, dachte ich. Und mir hüpfte das Herz im Leibe. Es gab ja kein Sperrholz achtundvierzig.

Er war ein Grummelpott. Ich musste all meinen Mut zusammennehmen, um ihn zu fragen. Er guckte so schräg, wie er immer guckte, wenn arme Leute was von ihm wollten. Und dann sagte er: „Ja, ich gebe sie Ihnen. Zehn Eier die Kiste."

Ich wollte immer eine Krippe haben. Schon als Kind. In der Kirche bei uns war eine ganz große, geschnitzte. Da habe ich so oft gestanden und mir vorgestellt, wie das wohl gewesen wäre, wenn ich damals gelebt hätte und meine Mutter mich mitgenommen hätte zum Stall und wir uns das Jesuskind leibhaftig angesehen hätten … Wenn ich mir das ganz fest vorstellte, dann war mir, als wäre ich wirklich dort in Bethlehem und das Kind lachte mich an und das Licht in Josephs Laterne funkelte mir zu. Als ich siebzehn war, war der Krieg zu Ende. Wir mussten raus. Drei Monate waren wir zu Fuß unterwegs. In der Zeit hab ich oft an die Krippe von zu Hause gedacht. Da weiß man, was das bedeutet: Ein Stall, warmes Stroh, irgendwo Unterkommen … In der Zeit habe ich mir geschworen: Wenn ich mal eine Wohnung habe, ein eigenes Zuhause, dann baue ich mir selbst meine Weihnachtskrippe!

Wir hatten zwei Hühner, die fraßen mehr als sie Eier legten. Denen erzählte ich von der Krippe. Sie strengten sich an. Ich sparte noch mehr als sonst und im Frühjahr kaufte ich drei Küken. Eins davon wurde ein Hahn.

Ich zeichnete die Figuren. Maria natürlich, Joseph, das Jesuskind, zwei Hirten, die Heiligen drei Könige. Zwei Kühe, einen Esel, sechs Schafe, zwei Lämmer.

Dann fand ich, dass da auch Frauen zum Stall kommen müssten. Ist doch richtig, oder? Schließlich wäre ich damals mit meiner Mutter auch gerne hingegangen. Immer stehen da all die Hirten und Könige, und Maria würde sich doch bestimmt freuen, wenn auch ein paar Frauen da sein würden, die was von kleinen Kindern verstehen. Schließlich war es ihr erstes.

Also zeichnete ich noch eine junge Frau mit zwei Kindern und eine alte. Wann immer ich konnte, nahm ich den Bleistift. Kamele für die Könige. Zwei schöne Palmen. Einen Hütehund für die Schafe. Immer mehr Figuren fielen mir ein.

Währenddessen gaben sich die Hühner und der Hahn alle Mühe. Nach zwei Jahren hatte ich elf Zigarrenkisten. Ich bin meinen Hühnern heute noch dankbar. Der Nachbar wollte wissen, was ich denn um Gottes Willen mit all den

Zigarrenkisten anfange. Ich hab bloß gesagt: „Das ist mein Geheimnis."

Beim Tischler borgte ich mir eine Laubsäge. Die Sägeblätter waren damals sehr teuer und obwohl ich sie ganz vorsichtig behandelte, rissen mir zwei. Deshalb kam ich nicht so schnell voran. Ich musste immer erst aufs nächste Sägeblatt sparen.

Der Fahrradhändler wunderte sich zwar, aber er gab mir seine leeren Lacktöpfchen. Da war immer ein kleiner Rest drin. Leider hatte er kein Gelb. Deshalb sind die Gesichter so rosa.

Drei Jahre hat es gedauert. 1951 hatte ich sie fertig. Das war ein Fest, sage ich Ihnen! Ganz feierlich habe ich alle Figuren aufgestellt, eine Kerze davor, das Licht im Zimmer ausgemacht und gedacht: So, jetzt bist du zu Hause. Du hast ein Dach überm Kopf und ein Bett. Du kannst zufrieden sein.

Jetzt bin ich achtzig.

Hier ist sie, meine Krippe.

Ich freue mich immer das ganze Jahr drauf, sie aufzubauen. In der Adventszeit hole ich frisches Moos aus dem Wald und lege es um die Figuren herum. Wie das duftet!

Zigarrenkisten und Fahrradlack. Ist sie nicht schön?

Ach ja, sehen Sie das kleine Huhn? Direkt neben Maria? Es schläft. Ich weiß, eigentlich gibt es keine Hühner im Stall von Bethlehem, aber Sie werden verstehen …

Doris Beweritz

10 PIPPI LANGSTRUMPF IN DER KRIPPE

Der Engel der Mütterlichkeit

Noch bevor das Baby auf der Welt ist,
werden Frauen mit der Frage konfrontiert:
Was für eine Mutter möchte ich sein?
Jede sollte hier wagen, selbstbewusst den eigenen Weg zu gehen.

Maria ließ sich in einem der schicken schwarzen Ledersessel vor der Möbelabholung nieder und strich sich mit den Fingerspitzen sanft über den runden Bauch. Manchmal fand sie die Vorstellung immer noch unwirklich, dass darin ein Leben heranwuchs. In wenigen Wochen würde sie dieses kleine Wunder in den Armen halten. Die Winterjacke ließ sich schon nicht mehr schließen. „Wir brauchen noch einen Wickeltisch", hatte Josef heute Morgen beim Frühstück gesagt und seiner Freundin einen Rest Pflaumenmarmelade aus dem Mundwinkel geküsst.

Und so hatten sie sich auf den Weg ins Möbelhaus gemacht. Obwohl Samstag war und jeder normale Mensch wusste, dass Samstag die ganze Stadt zu ihrem Lieblingsschweden fuhr. Aber einen Wickeltisch brauchten sie, keine Frage. In den Händen hielt Maria den Zettel mit der Nummer 152 darauf. Es würde sich nur noch um Stunden handeln, bis sich das weiße Gestell mit dem Namen GULLIVER auf ihrem Einkaufswagen befand. Eingepackt in einen braunen Pappkarton könnte GULLIVER von außen betrachtet auch ein BILLY sein, dachte Maria und überlegte, ob in ihr drin tatsächlich ein Mädchen wuchs, wie Josef ganz felsenfest überzeugt war, oder doch eher ein kleiner Junge. Sie wollten sich überraschen lassen. „Eine Lichterkette brauchen wir auch unbedingt", hatte Josef in der Weihnachtsabteilung beteuert „falls es ein Christkind wird, hängen wir sie der Kleinen über's Bettchen." Maria fand ihn süß, wenn er so etwas sagte. So stolz schien er zu sein. Auf sie und sein Christkind, falls es denn eins werden sollte. Maria konnte sich eigentlich etwas Schöneres vorstellen, als an Heiligabend im Kreißsaal zu liegen. Am Anfang war Josef gar nicht so begeistert gewesen, als sie ihm gesagt hatte, dass sie schwanger sei. Sie wollten doch reisen. Das hatten sie sich fest vorgenommen. Zwischen Studium und eigenem Grafikbüro hatten sie die Welt erkunden wollen. Zu zweit. Aber mit der Zeit hatte er sich an den Gedanken gewöhnt und schon Pläne geschmiedet. Von ihnen beiden auf zwei Eseln irgendwo in Griechenland oder Israel, mit dem Baby in einem Tuch vor der Brust. Warum nicht?

„Ist hier noch frei?", fragte plötzlich eine junge Frau mit langen dunklen Haaren und einer großen blauen Tüte über dem Arm. Sie wirkte etwas gestresst und schob sich fahrig ihre Brille ins Haar. Maria nickte und nahm ihre Jacke von dem schwarzen Ledersessel neben sich. Josef würde eh noch eine Weile unterwegs sein. Er wollte das Auto ein bisschen näher zum Eingang holen, damit sie GULLIVER leichter einladen konnten. „Man muss wirklich bescheuert sein, um sich das hier samstags freiwillig anzutun", sagte die Frau jetzt kopfschüttelnd und schaute in den völlig überfüllten Kassenbereich. An acht aufgeregt piependen Kassen drängelten sich Menschen in langen Schlangen, packten Servietten, Strohhalme und Teelichter in Einkaufswagen und Tüten und manövrierten Einkaufswagen mit langen Pappkartons darauf aneinander vorbei. Manche mehr, manche weniger geschickt. An der Hotdogstation fiel einem kleinen Mädchen ihr Ketchup-getränktes Wurstbrötchen aus der Hand und klatschte auf die Erde. In Sekundenschnelle füllten sich ihre Augen mit Tränen und sie begann laut zu heulen. „Deshalb geb ich meine Kleine immer im Kinderparadies ab“, sagte die Frau, die die Szene ebenfalls beobachtet hatte. Ihr Blick fiel auf Marias gewölbten Bauch. „Das sollten sie sich auch direkt angewöhnen. Mit kleinen Kindern einkaufen zu gehen ist die Hölle. Das sind einfach zu viele Reize. Der pure Stress“, plapperte sie. Maria lächelte zaghaft und blickte sich nach Josef um. Wo blieb der denn? Die Anzeige über der Möbelabholung zeigte nun die Nummer 147. „Haben Sie schon einen Krippenplatz?“, fragte die Frau ungerührt weiter. Maria schüttelte den Kopf. „Nein, wieso denn?“ Die Frau riss theatralisch die Augen auf. „Das sollten Sie aber! Mein Name stand schon auf sämtlichen Listen, als die Kleine noch nicht mal geboren war. Ohne Krippenplatz sind sie verloren. Sie wollen doch bestimmt wieder arbeiten gehen, oder?“ Maria runzelte ein wenig die Stirn. „Ja schon, aber erst, wenn das Kind ein bisschen älter ist, und dann nimmt wahrscheinlich auch mein Freund Elternzeit“, erklärte Maria und ärgerte sich ein wenig, da sie das Gefühl hatte, sich vor der Frau rechtfertigen zu müssen. Die Frau stutzte und murmelte nur ein „Mmmh, Elternzeit“ vor sich hin. „Bestimmt werden Sie auch so eine Keksback-Mami, oder?“ Maria verschluckte sich fast. „Keksback-Mami?“, keuchte sie. Wollte die Frau sie provozieren?

„Also ich kauf ja Zimtschnecken. Fürs Plätzchenbacken hab ich nun wirklich keine Zeit“, beherzt griff sie in die große blaue Tasche und zog eine Tüte mit der Aufschrift „Kanelbullar“ hervor, die sie eben erst im Schweden-Shop erstanden hatte. „Oh, ganz sicher werde ich eine Keksback-Mami“, sagte Maria und war ein wenig überrascht, wie selbstsicher ihre Stimme auf einmal klang. „Ich backe blecheweise Kekse mit meinen Kindern in unserer Villa Kunterbunt und dann dürfen die Kleinen mit eingeseiften Schuhbürsten an den Sohlen durch die Küche rutschen, dass es nur so schäumt. Einen Limonadenbaum haben wir natürlich auch im Garten und mein Mann hängt die Geschenke darin an Heiligabend auf und alle Kinder aus der Nachbarschaft können kommen und dürfen sich eins aussuchen“, platzte es mit einem Mal aus ihr heraus. Das Kind in Marias Bauch bewegte sich ermutigend ein wenig hin und her. „Die Kleine wird übrigens ein Christkind und wir nennen sie Pippi Lotta Viktualia Rolgadina Schokominza“, fügte sie hinzu, erhob sich aus dem schwarzen Ledersessel und ging mit energischen Schritten zu der Möbelabholung, ohne sich noch einmal umzublicken. Soeben war die Nummer 152 auf der Anzeigetafel erschienen. Und Josef an ihrer Seite. Er legte ihr sanft den Arm um die Hüfte. „Ich bin jetzt sicher“, flüsterte Maria ihm ins Ohr und atmete dabei seinen ganz eigenen Josef-Duft ein. „Es wird ein Christkind und auf einen Krippenplatz pfeif ich.“

Hanna Buiting

11 ANGEKÜNDIGTER BESUCH

Der Engel der Erwartung

Vorfreude ist doch die schönste Freude.
Und genauso, wie Frauen liebevoll ein Fest vorbereiten, machen sie sich innerlich bereit und halten die Hoffnung lebendig auf die Ankunft des Einen.

Die Frau holte die Post aus dem Briefkasten. Beim Sortieren entdeckte sie zwischen Briefen und Reklame eine bunte Postkarte, adressiert an sie persönlich: „Ich komme zu Besuch – bald sehen wir uns – freue mich schon sehr auf dich!“ Eine erfreuliche Mitteilung, zumal die Frau gerne Besuch empfing. Doch, wer hatte die Postkarte geschrieben? Die Frau konnte den Namen nicht entziffern, da offensichtlich Regen oder vielleicht eine umgekippte Tee- oder Kaffeetasse die Schrift verwischt hatte. Eine Adresse oder Telefonnummer war auch nicht vermerkt. Die Frau rätselte und überlegte. Wer könnte da wohl kommen – und noch dazu wann? Was bedeutete „bald“? Sie beschloss, sich zu freuen – und sich auf den baldigen Besuch vorzubereiten …

Am nächsten Morgen stand die Frau früher auf als sonst, saugte ihre Wohnung, räumte auf, so dass alles bereit und gemütlich war. Ja, und sie buk einen Kuchen – für den Fall, dass ihr Besuch schon an diesem Tag käme. Während der

Kuchen im Ofen war, richtete sie das Gästezimmer, lüftete, bezog das Bett, stellte ein Trinkglas und eine Flasche Wasser bereit – und legte einen schönen Apfel auf den Nachttisch. „Alles bereit“, sagte sie sich, „wenn der Besuch nun kommt …“ Als die Frau den duftenden Kuchen aus dem Ofen nahm, war sie erfüllt von echter Vorfreude.

Aber: An diesem Tag kam noch kein Besuch … Doch der Kuchen sollte nicht umsonst gebacken sein! Die Frau lud ihre Nachbarinnen ein, um mit ihnen den Kuchen zu teilen – und kochte dazu Kaffee und Tee. Gute Idee! Alle genossen den schönen gemeinsamen Nachmittag und verspeisten den Kuchen bis zum letzten Krümel. Am nächsten Tag stand die Frau wieder früh am Morgen auf. Sie empfand es wunderbar, jemanden zu erwarten … Ganz nebenbei war es auch gut, schon in den Morgenstunden den Haushalt fertig zu haben und ganz einfach – bereit zu sein. Bereit? Bereit, ja, bereit für den angekündigten unbekannten Besuch! Aber der Kuchen war am Vortag alle geworden. Sollte sie heute noch einmal einen Kuchen backen? Ja! Gedacht, getan – und schon war wieder ein Kuchen im Ofen. Eine andere Sorte – aber ebenso gelungen – und der Duft – wunderbar …

Am Nachmittag dieses Tages war der Besuch immer noch nicht eingetroffen. Da beschloss die Frau, einen Zettel an ihrer Tür zu befestigen, dass sie bald wiederkäme – und ging mit dem Kuchen in das nahe gelegene Altenheim, in dem sie ab und zu Leute besuchte. Dort wollte sie den Kuchen teilen. Die Freude dort war groß! Leckeren, selbstgebackenen Kuchen gab es dort nicht alle Tage. Die Frau freute sich sehr darüber, dass es ihr gelang, solche Freude zu verbreiten. Hurtig ging sie dann wieder nach Hause, um zu schauen, ob eventuell ihr Besuch dort schon wartete. Doch ihr Zettel hing noch an der Tür – der Besuch war noch nicht gekommen.

Trotzdem war die Frau an diesem Tag glücklich und beschwingt – und schlief am Abend zufrieden ein.

Der nächste Morgen begann wie die Tage zuvor früher als sonst – und mit einer gewissen besonderen Erwartung und Emsigkeit. Die Arbeiten gingen der Frau täglich leichter von der Hand – sie war beschwingt und fröhlich. Sie buk wieder einen Kuchen – so langsam bekam sie Routine – und hoffte, dass der angekündigte Besuch dann endlich heute käme.

Bis zum Nachmittag war immer noch kein Besuch angekommen. Die Frau sah aus dem Fenster ... Da kam der Briefträger die Straße entlang – die Frau ging ihm ein Stück entgegen. Oftmals sprachen die beiden, die Frau und der Briefträger, miteinander – über das Wetter, über Land und Leute, über Verschiedenes, was die Menschen hier bewegte. Der Briefträger übergab der Frau ihre Post. Sie war überrascht, dass wieder eine bunte Postkarte dabei war. Flugs las sie diese: „Ich komme – doch später – aber ich komme!", stand da geschrieben. Die Unterschrift war leider wieder verwischt, doch anhand der Schrift konnte die Frau erkennen, dass der Text von der gleichen Person geschrieben war wie die erste Karte. Das Rätsel wegen des Absenders blieb!

Da lud die Frau den Briefträger zum Kuchenessen ein – er hatte nach der Auslieferung der Post bei ihrem Haus am Ende der Straße sowieso jetzt Feierabend. Da der Briefträger Kaffee bevorzugte, kochte die Frau eine große Kanne davon. Beide aßen genüsslich den Besucher-Kuchen auf, erzählten, lachten und tranken Kaffee, Tasse um Tasse ...

Am nächsten Morgen stand die Frau fröhlich auf, erledigte ihre Arbeiten – und buk statt eines Kuchens jedoch eine große Portion Kekse. Die waren auch sehr, sehr lecker. Diese bewahrte sie in einer alten Blechdose auf und wollte so bereit sein, irgendwann den angekündigten Besuch begrüßen zu können, auch ohne täglich einen frischen Kuchen zu backen.

Ja, und das Wunderbare dabei war, dass die Frau das Gefühl der freudvollen Erwartung in ihrem Herzen beibehalten konnte, jeden Tag aufs Neue. Sie war sich sicher: „Meine Hoffnung wird nicht enttäuscht werden! Alles ist bereit – und auch Kekse habe ich genügend in der Dose vorrätig …

Doris Wohlfarth

12 WARTEN MIT BEGEISTERUNG

Der Engel der Begeisterung

Wie Elisabeth und Maria überwinden Frauen ihre Ängste und begeistern sich für die Ankunft des neuen Lebens.

Kathy Freeman ist der Stolz der Aborigines. Eine Schwarze Australierin gewinnt die Olympische Goldmedaille, und die Menschen liegen sich begeistert in den Armen. Sie jubeln ihr zu. Selbst über tausende Kilometer hinweg ist am Fernseher etwas davon zu spüren. Wie viel Angst war da, wie viel Anspannung ist ihrem Gesicht abzulesen. Und dann dieser Sturm der Begeisterung, der auch aus ihr hervorbricht.

Begeisterung ist ein wunderschönes Gefühl. Wer begeistert ist, ist von einem guten Geist beseelt, freut sich, ist vom großen Zeh bis zum Haaransatz erfüllt von innerem Jubel. Begeisterung ist beneidenswert. Manche, die älter werden, schauen abgeklärt und doch ein wenig sehnsüchtig auf die Jungen, die sich begeistern können.

In der Bibel wird von einer Frau erzählt, die begeistert ist, weil ihre Freundin schwanger ist. Sie ist so begeistert, dass die Begeisterung sogar spürbar ist für das Kind, mit dem sie selbst schwanger ist. Oder ist das Kind tatsächlich zuerst begeistert? Das Lukasevangelium erzählt: „Und es begab sich, als Elisabeth den Gruß Marias hörte, hüpfte das Kind in ihrem Leibe. Und Elisabeth wurde vom Heiligen Geist erfüllt und rief laut und sprach: Gepriesen bist du unter den Frauen und gepriesen ist die Frucht deines Leibes!“ Elisabeth ist begeistert, weil sie spürt: da ist Gott selbst am Werke. Jedes Kind ist ein Gottesgeschenk. Aber hier geht etwas Besonderes vor sich. Gerade Maria, eine unbekannte Frau, ohne großen Namen, sie wird von Gott auserwählt. Sie soll eine große Rolle spielen in Gottes Geschichte mit den Menschen. Das Leben der beiden Frauen ist eng miteinander verknüpft. Eine tiefe Frauenfreundschaft verbindet die beiden. Elisabeth kann sich mit Maria freuen, das ist etwas Großartiges. Wenn jemandem etwas gelingt, eine sich freuen kann, ist leider bei vielen ja das Gefühl Neid. Hätte ich doch auch diesen Erfolg. Ich gönne ihm das nicht. Warum gerade sie? Elisabeth ist anders. Maria vertraut sich ihr an. Lange ist sie gelaufen. Sie will sich anvertrauen. Mit jemandem sprechen über das, was der Engel ihr gesagt hat. Über ihre Ängste – wie soll das werden mit dem Kind? Wie kann das gut gehen mit der Geburt? Was ist mit Josef? Elisabeth ist die richtige Person. Drei Monate bleibt Maria bei ihr. Elisabeth hört zu, gibt Ratschläge, bestärkt Maria. Und als diese zurückgeht, hören wir von ihrem Vertrauen, dass Gott am Werke ist. Sie wird die Worte über ihr Kind im Herzen bewahren.

Im Warten auf Weihnachten, auf die Ankunft Gottes bleibt über die Jahrtausende hinweg das Bild von Elisabeth, die sich von ganzem Herzen mit Maria freuen kann auf die Geburt des Kindes. So können wir warten mit Begeisterung.

Margot Käßmann

13 MUMMY – ODER WIE MAN SCHNELL GESUND WIRD

Der Engel der Berührung

Zeit, Zuwendung und menschliche Berührung sind ein wirksameres Heilmittel als so manche Medizin und bewirken unglaubliche Wunder.

In einem Kinderkrankenhaus in Amerika. In New York. Einem Krankenhaus mit fünf Abteilungen, Operationssälen, Ärzten, Schwestern, Aufenthaltsräumen, einem Kiosk, wo man Cola, Kekse, Obst und Süßigkeiten kaufen kann. Das Krankenhaus steht an einer belebten Straße, aber es hat einen Innenhof und einen kleinen Park. Hier ist es fast still. Die Kinder, die schon aufstehen können, gehen hier spazieren. Wer operiert worden ist, übt im Hof wieder das Gehen.

An diesem Tag im Dezember ist der Park leer. Es schneit und stürmt. Die Wolken jagen tief über den Himmel. Unter den Ärzten des Krankenhauses ist ein großes Rätselraten. Ein junger Assistenzarzt, der seit zwei Jahren hier arbeitet, hat eine Studie geschrieben. Es war ihm aufgefallen, dass die Kinder der Abteilung drei viel kürzer im Krankenhaus blieben als andere. Das heißt: Sie wurden erstaunlich schnell wieder gesund, obwohl ihre Krankheiten bei der Einlieferung genauso schwer waren wie die anderer Kinder.

Zuerst hatte der Assistenzarzt vermutet, er hätte sich geirrt, als er den Aufenthalt der kleinen Patienten berechnet hatte. Er war der Sache nachgegangen, hatte noch einmal alles sorgfältig überprüft – es stimmte: Die Kinder der Abteilung drei verließen das Krankenhaus durchschnittlich vier Tage früher, mitunter sogar fünf bis sechs Tage früher.

Was war da los? Einen Grund musste es ja haben. Der Chefarzt, Dr. Schwartz, machte den Vorschlag, die Schwestern auszutauschen. Alles blieb beim Alten. Die Kinder der Abteilung drei wurden schneller gesund. Ärzte und Schwestern bemühten sich mit besonderem Eifer um die Kinder der anderen Abteilungen. Es änderte sich nichts. Dr. Schwartz lässt das jetzt keine Ruhe mehr. Er muss der Sache auf den Grund gehen. Er nimmt sich vor, so lange als Detektiv in seinem eigenen Krankenhaus zu arbeiten, bis er herausgefunden hat, woran es liegt, dass hier offenbar ein Wunder geschieht.

Er überlegt, ob er nach einem festen Plan vorgehen soll, beschließt aber, es nicht zu tun und auf gut Glück anzufangen.

Er sieht auf die Uhr. Es ist am Nachmittag, die Zeit, in der die Putzfrauen noch einmal die Gänge und Treppen reinigen, nachdem die letzten Besucher gegangen sind. Er sieht zum Fenster hinaus. Es schneit und schneit. Er verlässt sein Zimmer, fährt mit dem Lift in die Abteilung drei, geht langsam über den menschenleeren Gang. Am Ende des Ganges sieht er in einer Abstellkammer eine dicke Gestalt in einem bunten Gewand, die einen Eimer abstellt und einen Putzlumpen darüberbreitet. Dr. Schwartz bleibt hinter einem hohen Gummibaum stehen und rührt sich nicht. Die Gestalt dreht ihm noch immer den Rücken zu, schließt die Tür zu dem Abstellraum. Sie macht die Tür zu einem Krankenzimmer auf und verschwindet. Der Arzt wartet eine Weile. Sie kommt nicht wieder. Was hat eine Putzfrau so lange in einem Krankenzimmer zu suchen? Der Arzt geht leise zu der Tür und öffnet sie. Jedes Krankenzimmer hat eine solche äußere Tür, die gepolstert ist und schalldämpfend wirkt. Die zweite Tür, die von dem kleinen Vorraum in das Krankenzimmer führt, ist aus Glas, so dass man das Zimmer sofort überblicken kann. Der Arzt rührt sich nicht. Er kann sicher sein, dass man ihn nicht sehen kann, denn er steht im Dunkel. Er aber sieht alles. Es ist ein Dreibettzimmer. In einem Bett liegt Mary, die vor vier Tagen mit einer Vergiftung eingeliefert worden war. Noch am Morgen hatte sie völlig apathisch im Bett gelegen. Jetzt sitzt die dicke Frau auf ihrem Bett und hält sie in den Armen. Ihr schwarzes Gesicht glänzt vor Eifer und Güte. Die beiden anderen Kinder, Jane und Jenny, haben sich an das Fußende von Marys Bett gesetzt. Alle drei sehen die Frau an, reden durcheinander, lachen.

„Mummy", rufen sie, „was spielst du heute mit uns?" Mummy wackelt mit dem Kopf, als müsse sie überlegen. Dann hebt sie zwei Zeigefinger ihrer dicken Hände, ohne Mary aus den Armen zu lassen. Die Kinder machen es nach. Mummy brabbelt etwas. Der Arzt kann es nicht verstehen. Sie streckt alle zehn Finger aus, versteckt die Zeigefinger wieder, bis plötzlich alle Finger verschwinden. Die Kinder lachen laut. Mummy zaubert Schattenbilder an die Wand: einen Hasen, der mit den Ohren wackelt, zwei Buben, die miteinander raufen. Die Kinder machen es nach. Während all der Zeit liegt Mary in Mummys Armen wie ein Vogel im Nest.

Der Arzt klopft an die Glastür und tritt ein. Mummy erschrickt keineswegs. Sie lässt Mary nicht aus den Armen, senkt nur ein wenig den Kopf mit dem fest geschlungenen Turban zur Begrüßung.

„Was machen Sie hier?", fragt der Arzt. Er fragt es freundlich. Mummy murmelt Unverständliches. Der Arzt starrt sie an. Sie ist sprachbehindert.

„Mummy spielt mit uns", rufen die Kinder, „jeden Tag nach der Arbeit. Sie geht auch in die anderen Zimmer. Wir haben sie lieb." Mummy strahlt.

„Und die Schwestern?", fragt der Arzt, „und eure Eltern und Geschwister?"

„Jaja", sagt Jane, „sie sind alle sehr nett, aber sie haben wenig Zeit. Mummy hat immer Zeit."

„Deck dich besser zu", sagt der Arzt zu Jane, „vor ein paar Tagen hast du noch 40 Grad Fieber gehabt."

Jane bleibt am Fußende von Marys Bett sitzen und zieht lachend die Decke hoch.

„Das ist vorbei", sagt sie, „bald ist Weihnachten. Da bin ich wieder daheim."

Der Arzt wendet sich an Mummy: „Wie lange sind Sie schon im Haus?"

Mummy hebt drei Finger der linken Hand. Drei Jahre. Das ist genau die Zeit, in der die Kinder der Abteilung drei so erstaunlich schnell gesund geworden sind.

Der Chefarzt versammelt alle Ärzte und Schwestern des Krankenhauses und berichtet, was er erlebt hat: eine sprachbehinderte, schwarze Putzfrau, die mit den Kindern spielt.

„Das ist unglaublich", sagt ein Kollege.

„Das grenzt ans Wunderbare", sagt die Oberschwester.

„Die ist uns über", sagt der junge Assistenzarzt, der das alles ins Rollen gebracht hat. Mummy wird gefragt, ob sie nicht einmal in einer anderen Abteilung putzen würde. Sie ist gern dazu bereit. Nach ein paar Wochen ist es diese Abteilung, in der die Kinder schneller gesund werden.

Der Chefarzt macht seinen Erkundungsgang auch hier. Wieder erlebt er, was er in ähnlicher Weise schon einmal erlebt hat: Mummy auf dem Bett eines Buben sitzend, das Kind in den Armen, Unverständliches brabbelnd, umringt von drei anderen Buben, von denen keiner mehr krank zu sein scheint. Die Kinder drehen sich um. Sie sind mitten in einem Ratespiel. Der Arzt hat das Gefühl zu stören.

Er geht auf Zehenspitzen hinaus, wartet. Nach einer halben Stunde kommt Mummy. Sie sieht zufrieden aus. Sie erschrickt nicht, deutet nur wieder diese kleine Verbeugung mit dem Kopf an. Sie trägt einen leuchtend-roten Turban.

„Mummy, wie machen Sie das?“, fragt der Arzt. Mummy lächelt und wiegt den Kopf. Der Arzt sieht in ihre Augen: uralte Kinderaugen. „Wie machen Sie das?“, fragt er noch einmal.

Mummy kauderwelscht. Sie strengt sich an. Sie wiederholt es, bis der Arzt versteht: „Ich liebe Kinder.“

„Alle?“, fragt der Arzt.

Mummy nickt freudig: „Alle.“

Als sie geht, sieht er ihr nach. Für ihr Gewicht geht sie erstaunlich leicht. Am Ende des Ganges beginnt sie sich langsam zu drehen. Die Musik dazu hört nur sie. Sie scheint zu schweben. Dazu breitet sie die Arme aus, als wolle sie die ganze Welt umarmen.

Catarina Carsten

14 DAS TÜRKISCHE ENKELKIND

Der Engel der Seelenverwandtschaft

Über scheinbare Fremdheit, Konventionen und alle Unterschiede hinweg suchen und finden sich manchmal Seelen, die sich etwas zu geben haben.

Tuscheln und Getrappel im Treppenhaus. So leise und behutsam bewegen sich die Kinder der vierten Klasse sonst nicht, wenn sie in ihrer Schule von der Pause ins Klassenzimmer hochstürmen. Heute sind sie mit ihrer Lehrerin ins Altersheim gekommen, um auf den langen Fluren Weihnachtslieder zu singen. Einige Zimmertüren sind geöffnet worden. In der Wohnzimmernische sitzen alte Damen erwartungsvoll in den Sesseln.

Frau Lehmann steht in der Tür ihres Zimmers. Sie blickt in viele neugierige, von der Frostluft gerötete Kindergesichter. So groß wird meine Enkeltochter jetzt auch sein. Dieser Gedanke tut weh. Alle Traurigkeit und Verlassenheit, gegen die sie die letzten Jahre angekämpft hat, fallen in diesem Augenblick über sie her.

Ihr Sohn hatte sich scheiden lassen. Die Schwiegertochter, der das Kind zugesprochen worden war, zog weit weg nach Süddeutschland. Als sie wieder geheiratet hatte, wurden ihre

Briefe und Telefonate immer spärlicher. Nach wiederholtem Umzug erfuhr Frau Lehmann nicht einmal mehr die neue Adresse. Nach dem Tod ihres Mannes hatte die kleine Enkeltochter ihrem Leben Freude und Inhalt gegeben. Da die Schwiegertochter voll berufstätig war, hatte sie sich als Großmutter um das Kind gekümmert. In ihrer Erinnerung sind es helle, von der Sonne beschienene Jahre – auch als sie ins Altersheim zog. Der Schuleintritt der Enkeltochter war das letzte große gemeinsame Erlebnis. Auf ihrem Nachttisch lacht aus dem Bilderrahmen ein blondes kleines Mädchen, das stolz die Schultüte im Arm hält.

Und dann kamen die dunklen Tage, ohne Vorfreude auf Besuche, ohne das gemütliche Zusammensein in ihrem Altersheimzimmer, ohne Geplauder von der Schule und von den Schulfreundinnen. Frau Lehmann wandert in ihren Gedanken die Wegstrecke der letzten Jahre zurück. Erst als die Kinder wieder die Treppe hinuntergehen, findet sie in die Gegenwart zurück. Sie steht auf dem leeren Flur und könnte nicht sagen, welche Weihnachtslieder die Kinder gesungen haben.

Als sie an demselben Tag vom Abendessen im Speisesaal hochkommt, sieht sie hinter einem Sessel auf dem Flur eine Kindermütze liegen. „Sicher von den Schulkindern", murmelt sie und bückt sich danach. Es ist eine besonders hübsche Mütze, wie man sie selten sieht, aus weißem Webpelz mit ebensolcher Bommel und Schalbändern daran. Liebevoll streicht sie mit der Hand über das weiche Fell. Frau Lehmann geht in ihr Zimmer und legt die Mütze auf den Lesewagen. Ich muss sie gleich morgen bei der Heimleiterin abgeben. Sicher wird das Kind nach der verlorenen Mütze fragen kommen.

Am Abend, als sie den Fernseher abgeschaltet hat, legt Frau Lehmann das Programmheft über die Mütze; am nächsten Tag kommt noch die aufgeschlagene Tageszeitung darauf. An die Mütze erinnert sich Frau Lehmann nicht mehr. Als sie am nächsten Tag in ihrem Sessel sitzt und die Stunden abwartet, bis es Zeit fürs Abendessen ist, hört sie leise Schritte auf dem Flur. Ein Sessel wird gerückt, Frau Lehmann guckt aus ihrem Zimmer, weil sie ihre Nachbarin vermutet. Ein etwa zehnjähriges Mädchen schrickt ertappt zusammen. Die tiefdunklen Augen unter schwarzen Augenbrauen blicken ängstlich Frau Lehmann an. Ein Türken- oder Kurdenkind, geht es ihr durch den Kopf.

„Was tust du denn hier?"

„Ich suche meine Mütze. Wir haben gestern auf diesem Flur mit der Lehrerin gesungen. Es war so warm, da habe ich sie abgesetzt." Ach ja, die Mütze auf dem Lesewagen. Wie konnte sie nur wieder so vergesslich sein! „Deine Mütze habe ich gefunden. Komm doch mal einen Augenblick in mein Zimmer."

Das Mädchen folgt zögernd. Als Frau Lehmann ihr die Mütze reicht, blicken sie zwei dunkle Augen so dankbar an, dass es ihr warm ums Herz wird. Immer wieder fährt das Mädchen mit der Hand über das weiche Fell.

„Ich habe die Mütze erst vorige Woche zum Geburtstag bekommen", sagt es leise.

„Wie heißt du?", fragt Frau Lehmann.

„Hülya."

„Ein schöner Name ist das."

Frau Lehmann möchte ihrem kleinen Gast gern etwas anbieten. Aber auf Kinderbesuch ist sie gar nicht mehr eingestellt. Da fällt ihr Blick auf das Regal. Die Heimleiterin hatte jedem Bewohner zum morgigen Weihnachtsfest einen bunten Teller gebracht, Marzipan, Printen, Zimtsterne. Glücklich, dass sie etwas zum Anbieten hat, stellt sie den Weihnachtsteller vor das Mädchen. „Nimm nur."

Sie hält das Zögern für Schüchternheit. Aber dann sagt das Mädchen: „Wir haben jetzt Ramadan. Da darf ich erst nach Sonnenuntergang etwas essen."

„Ja, richtig. Davon habe ich schon mal im Radio gehört."

Frau Lehmann kramt aus einer Schublade eine Tüte hervor und schüttet kurzerhand den Inhalt des ganzen Tellers hinein. „So, das nimmst du mit. – Hast du noch Geschwister?"

„Ja, aber die sind schon erwachsen und den ganzen Tag bei der Arbeit. Auch meine Eltern sind den ganzen Tag in der Fabrik."

„Hast du keine Freundinnen?"

„Nur in der Schule. Am Nachmittag habe ich niemanden zum Spielen. Unsere Wohnung ist sehr klein. Ich habe auch kein Kinderzimmer. Meine Mutter möchte nicht, dass fremde Kinder bei uns spielen. Und die deutschen Kinder laden nur deutsche Kinder in ihre Wohnungen ein." Das kommt aus ihrem Mund ohne Vorwurf, als ob es eben selbstverständlich sei.

„Da bist du wohl oft allein." Sie sitzen nebeneinander und schweigen.

„Genauso allein wie ich", fügt Frau Lehmann nach einer Weile hinzu.

„Wer ist denn das Mädchen mit der Schultüte", will Hülya wissen.

„Das ist meine Enkeltochter. Sie ist jetzt etwa so alt wie du. Aber sie wohnt ganz weit weg und kann mich nicht besuchen." Dass sie schon über drei Jahre keine Post mehr von ihrem Enkelkind hat, sagt sie nicht. „Meine Großmutter wohnt auch ganz weit weg – in der Türkei.

Wenn Sie möchten, kann ich Sie nachmittags mal besuchen. Ich habe ja viel Zeit, wenn ich die Hausaufgaben fertig habe."

„Du würdest wirklich zu mir kommen wollen?“

„Ja, gern, ich komme, wenn bei euch die Weihnachtstage vorbei sind.“

Hülya wendet sich plötzlich zur Tür. „Ich muss jetzt gehen. Wenn meine Mutter von der Arbeit kommt, soll ich zu Hause sein. Vielen Dank für die Tüte!“

Schon ist Hülya im Treppenhaus. Frau Lehmann steht in der Zimmertür und lauscht den Sprüngen nach, mit denen sie zwei Stufen auf einmal nimmt. Als Frau Lehmann abends im Bett liegt – die Vorhänge hat sie nicht zugezogen – tanzen über ihr an der Zimmerdecke die Kreise der Lichtergirlanden, die zwischen den Straßenfronten im Wind auf und nieder schwanken. Sie lächelt leise vor sich hin. Nach dem Weihnachtsfest kommt mich mein Enkelkind besuchen!

Waltraud Neunert

15 DIE CHRISTBLUME

Der Engel der Hoffnung

Eine Legende über den Ursprung der Christrose,
die ein Gleichnis dafür ist,
wie Liebe auch im kältesten Winter
die schönsten Blumen blühen lässt.

Einsam ist die Blume, von der ich euch heute erzählen will. Sie kennt nicht die frohen Tage des Frühlings noch die duftreichen Nächte des Sommers. Keine flüsternden Gefährtinnen wachsen neben ihr auf, kein Vogel singt sie in Träume. In Schnee und Eis muss sie schauen, der Nordwind streicht über sie hin, und das eintönige Krächzen der Rabenvögel ist ihre Musik.

Und doch ist sie weiß und zart wie nur eine ihrer Schwestern; anmutig wächst sie aus dem Kranze grüner Blätter empor, und ihr tiefer Kelch hütet die Geheimnisse der Blumen. Und sie fühlt keinen Winterschmerz! Still und stolz steht sie in ihrer Kraft. Sie weiß das sie begnadet ist: die einzige Blume, die im Winter blühen darf, die einzige Blume, die das heilige Christfest feiern darf mit den Bewohnern der Erde. Sage mir, Schwester der Lilie, was rief dich ins winterliche Leben? Was gab dir die Macht, der Kälte und dem Sturm zu trotzen? Warum schläfst du nicht im Frieden der Erde?

Die Blätter rauschen mir Töne und Akkorde zu, sie raunen und rauschen – Silben höre ich, Worte – und nun will ich ihre Geschichte erzählen.

Es ist Totensonntag. Auf dem Wege zum Kirchhof geht eine stille dunkle Schar Menschen. Sie tragen Totenkränze, Tannenreiser und Immortellen, immergrüne Eichen und rote Vogelbeeren. Sie gehen schweigend, als dächten sie vergangener Tage oder träumten in banger Hoffnung von künftiger Helle. Der letzte im Zug ist ein kleiner Knabe, der auf der Schulter ein grünes Holzkreuz trägt, eine schwere Last für einen jungen Körper! Es ist ein armseliges Kreuz, roh gefügt, mit abgeschrägten Ecken. Des Knaben Blicke aber ruhen liebevoll darauf; seine jungen, ungeübten Hände haben wohl selbst das Holz geschnitzt.

Aus der Kapelle des Totenhauses läutet die kleine Glocke, und andächtig zieht die Schar der Trauernden durch das Portal. Ein leiser Wind geht mit ihnen; es sind die Todesengel, die dem Zuge unsichtbar folgen. Vom breiten Mittelwege aus verteilen sich lautlos die Gäste der Toten. Bald hat auch der blasse Knabe das Grab seiner Mutter gefunden. Es ist ein frischer Hügel; ohne Schmuck und ohne Pflege liegt er im kühlen Frühnebel. Der Kleine kniet nieder, pflanzt sein Kreuzlein zu Häupten der Toten und betet leise. Der Engel, der ihm folgte, beugt sich nieder, um die Inschrift zu lesen. „Liebe Mutter", steht in großen, kindlichen Buchstaben auf dem Querholz, sonst nichts. Da küsst der Engel das Kind aufs Haupt.

Die andern Gräber schmückten sich nach und nach mit den Blumen und Kränzen der Leidtragenden; des Knaben Augen aber sahen angstvoll über das leere Grab, und ein Zucken des Schmerzes ging über das kleine Gesicht. „Lieber Gott," betete er leise, „lass meiner Mutter auch eine schöne Blume wachsen, ich muss fort ins Waisenhaus und kann ihr keine mehr bringen. Du aber kannst es, lieber Gott, du bist gut und allmächtig, und ich bitte dich so sehr."

Da küsste der Engel das Kind zum zweiten Male, und ein stiller Schein der Gewissheit kam in die braunen Augen des Knaben. Er rückte das Kreuzlein noch einmal zurecht, küsste das Grab seiner Mutter und folgte den andern Leuten, die den Heimweg antraten.

Der Engel aber flog heim zu Gott und brachte ihm den Wunsch des Knaben. „Es ist Winter," sprach der Herr, „alle Pflanzen schlafen; soll ich dieses Kindes wegen meine ewigen Gesetze ändern?" „Deine Allmacht, o Herr, ist größer als dein Gesetz, deine Güte reicher als dein Wille!" Da lächelte der Herr, dass die Wolken erstrahlten und ein Klingen durch die Sterne ging. „Komm", sagte er zum Engel, und sie traten schweigend in den Garten des Paradieses.

Dort blühen die Blumen, die achtlose Hände auf Erden fortgeworfen und achtlose Füße zertreten haben. Schöner blühen sie hier im himmlischen Licht als in der irdischen Sonne; und als der Schöpfer zu ihnen trat, reckten sich Ranken und Gräser ihm entgegen, und die Kelche strömten über von Duft und Glanz.

Gott aber trat zu einer weißen Lilie, nahm die zitternde aus dem Schoße des Himmels, küsste sie und gab sie dem Engel. „Dem Erdenkinde zur Freude und meinem Sohne zum Angedenken blühe diese Botin des Himmels künftig auf Erden in Eis und Schnee. Die Winde sollen ihren Samen durch die Länder des Nordens tragen; die Wärme meines Willens ströme durch ihre Wurzeln und bleibe ihr für die Dauer der irdischen Zeit!"

„Du aber lege das Zeichen des Todes ab und schütze den Knaben mit dem warmen Herzen. Breite deine Flügel um ihn aus, dass der Same, der in seiner Seele keimt, auch in Frost und Dürre nicht ersterbe, und die Blume der Menschenliebe daraus erblühe; sie ist holder als alle Blumen des Paradieses."

Dankbar neigte sich der Engel, küsste des Herrn Gewand und ging seinen Befehlen zu folgen.

So ist die Christblume auf die Erde gekommen, und fromme Menschen fühlen ihren heiligen Ursprung.

Paula Dehmel (1862 bis 1918)

16 WEIHNACHTEN BEI THEODOR STORM

Der Engel der Familie

Der Heilige Abend ist schon von jeher ein Familienfest mit besonderen Ritualen, die besonders Kinder lieben und an die sich Menschen ihr Leben lang erinnern. So auch in dieser prominenten Familie.

Unser Vater war ein echter, rechter Weihnachtsmann, er wusste jedes Fest erst recht zu einem Feste zu gestalten. Den ganzen Zauber der Weihnacht zu übertragen. Und so feiern auch wir, seine Kinder, unsere Weihnachtsfeste ganz im Sinne unseres Vaters. Der Weihnachtsbaum wird genauso geschmückt, wie er einst ihm geschmückt wurde, die Kuchen nach den althergebrachten Familienrezepten gebacken, wie sie schon sein Kinderherz entzückten. Wenn das alte liebe Weihnachtsfest wieder naht und ich mich in eine rechte Weihnachtsstimmung versetzen will, setze ich mich in der Dämmerung in einen tiefen Lehnstuhl. Von draußen wirft die Laterne traulich ein mattes Licht durch die Fenster. Ich schließe die Augen, und bald bin ich daheim in unserm großen, alten Hause in Husum in der Wasserreihe. Meine Geschwister und ich, wir sind wieder Kinder.

Es wird wieder einmal Weihnachten, und wir Kinder leben in goldenen Träumen, bis das im Leben so seltene

Wunder eintritt, dass diese Träume in dem brennenden Weihnachtsbaum verkörpert vor uns stehen. Draußen auf den stillen Wegen des Gartens, den Sträuchern und alten Bäumen, liegt glitzernder Schnee. Im ganzen Hause duftet es nach Tannen und braunen Weihnachtskuchen. Feststimmung guckt schon aus allen Ecken, wie eine Ahnung von Weihnachtsabend.

Es weihnachtet sehr – die Heimlichkeiten wachsen mit jedem Tage. Vater schließt sich immer häufiger in seiner Studierstube ein, und wir Kinder, die wir um die Zeit der heiligen Weihnacht gerne an den Türen lauschen, hören ihn die Tür des Nussbaumschrankes öffnen und leise wieder schließen. Dieser Nussbaumschrank birgt in seinem Innern alle Geheimnisse und Wunder fürs Weihnachtsfest. In einem unbewachten Augenblick treten wir doch ins Zimmer. Vater schließt schnell den Schrank, dann nimmt er uns in seine Arme, macht ein geheimnisvolles Gesicht, sieht uns innig an und sagt mit leiser Stimme nur das eine Wort „Weihnachten".

In der Essstube ist großes Kuchenbacken. Unsere Mutter und die Mädchen stehen mit aufgekrempelten Ärmeln. Sie rollen weißen und braunen Kuchenteig aus, der in großen Steintöpfen um den Ofen herum steht. Große schwarze Platten stehen bereit, die verschieden geformten Kuchen aufzunehmen, die dann von den Mädchen zum Bäcker getragen werden.

Auch wir Kinder haben unseren Teil bekommen. Wir stehen an unserem kleinen Kindertisch, ein weißes Nachthemd über unsere Kleider, ein gezipfeltes Taschentuch auf dem Kopfe. Jedes von uns hat ein Klümpchen weißen und braunen Kuchenteig vor sich, der bald unter unseren geschäftigen kleinen Händen in die wunderbarsten Dinge gewandelt wird. Die Tür öffnet sich, und unser Vater tritt mit dem freundlichsten Leuchten seiner blauen Poetenaugen ins Zimmer.

„Ihr seid ja alle gewaltig in der Fahrt“, neckt er und bewundert unsere herrlichen Schöpfungen, von denen man meistens nicht zu erkennen vermag, was sie vorstellen sollen. Es beginnt nun ein heimliches Geflüster zwischen Vater und uns, und es gelingt uns, Vater einige kleine Weihnachtsüberraschungen verraten zu lassen, die unsere Freude am Weihnachtsabend keineswegs verringert.

„Morgen wollen wir vergolden und Netze schneiden“, spricht der Vater verheißungsvoll.

Wenn wir in ein bestimmtes Alter gekommen waren, durften wir vergolden helfen und Netze schneiden. Die langen schmalen Streifen Rauschgold wurden freilich nur von unserm Vater geschnitten, mit seiner großen alten Papierschere, die ich so deutlich vor mir sehe.

Morgen ist heute geworden, und Vater nimmt uns mit in seine Studierstube. Die dunkle Holztäfelung der Decke, die tiefrote behagliche Färbung der Wände, an denen ringsum die Bücherregale laufen, und über dem Tische die helle leuchtende Lampe schauen uns behaglich und gar verheißungsvoll an. Auf dem Tisch ausgebreitet liegen Nüsse, Tannenzapfen, Eier und Schaumgold. Wir setzen uns alle um den Tisch und beginnen nach Vaters Anordnung Watte in Eiweiß zu tauchen, mit der wir vorsichtig die Nüsse und Tannenzapfen betupfen. Dann wird ein Stück Schaumgold auf die befeuchtete Stelle gelegt und vorsichtig mit Watte angetupft. Nun werden zwölf Netze vom feinsten weißen Konzeptpapier geschnitten. Uns Kindern klopft das Herz dabei: „Wenn wir nun die Spitzen abschneiden!“ In die Netze kommen große, viereckige Bonbons, die wir alter Tradition gemäß in farbige Papiere wickeln, die durchaus die Farben grün, gold und hausrot haben müssen.

Auf diese Netze in denen schon feine Kinderträume hingen, legte unser Vater besonderen Wert. Wer von uns zum erstenmal in seinem kleinen Leben ein solches wunderbares Netz tadellos ausgeführt hatte, kam sich vor, als sei er nun erst ein fertiger kleiner Mensch geworden.

Die weißen Netze sind geschnitten und tadellos zu unseres Vaters innigster Befriedigung ausgefallen. Goldene Nüsse, Eier und Tannenzapfen heben sich leuchtend von der dunklen Tischplatte ab. Wir Kinder stehen ermüdet und wollen zu Bett gehen. Vater tritt ans Fenster, öffnet weit beide Flügel. – Der Mond scheint, und wir Kinder sehen deutlich zwischen Vaters ausgebreiteten Armen in den beschneiten Garten. Da spricht Vater mit leiser, wie von Musik getragener Stimme:

„Mondbeglänzte Zaubernacht,
die den Sinn gefangenhält,
wunderbare Märchenwelt,
steig' auf in der alten Pracht."

Wir gehen still und nehmen den Zauber dieser Stimmung mit in unsere Träume, aus denen wir mit dem seligen Bewusstsein erwachen: „Heute ist er, der Heilige Abend." Nun beginnt ein buntes Treiben im Hause. Vater trägt alle seine Schätze selbst ins Weihnachtszimmer, in dem die zwölf Fuß hohe Tanne schon ihres Schmucks wartet. Wir Kinder schmücken in unserer Kinderstube ein kleines, bescheidenes Bäumchen für arme Kinder. Wir haben ihn von unserem eigenen Gelde erstanden. Vater und Mama schließen sich unten ins große Weihnachtszimmer ein, gleich wenn man in den Flur tritt links, und der Märchenbaum fängt an sich zu entfalten. Die Brüder Hans und Ernst kommen heim und Karl, unser stiller Musikant. Heute muss Vater alle seine Kinder um sich versammeln haben, um ein rechtes Weihnachtsgefühl zu empfinden. Die Fenster der Weihnachtsstube sind dicht verhangen, die vielen Türen, die ins Reich der Weihnachtswunder führen, verschlossen.

Wir schleichen an die Fenster und knien vor den Türen. Meine jüngste Schwester Dodo hat ein besonderes Talent, mit unserer Mutter, verborgen in den Falten ihres Kleides, in die Weihnachtsstube zu schlüpfen.

Vom frühen Morgen an kommen Scharen von Kindern, die von Haus zu Haus ziehen und im Flur ihre hellen Kinderstimmen ertönen lassen: „Vom Himmel hoch da komm' ich her." Ein großer Korb mit Wasserkringel steht schon bereit, mit denen die kleinen Sänger belohnt werden. Mittags wird nach althergebrachter Sitte Kaffee getrunken und Butterbrote gegessen. Der Kaffeekanne entströmt an diesem Tage ein wundersamer Duft, so duftet er nur einmal im Jahr, und die Butterbrote schmecken uns wie der schönste Kuchen.

Am Nachmittag wandern wir Kinder, jedes ein Körbchen am Arm, ins Kloster St. Jürgen. Wir wollen zwei alte Großtanten dort bescheren, „Tante Anna und Tante Christine". Tante Anna wird von uns bevorzugt. In ihrem kleinen, behaglichen Altjungfernstübchen liegen wir schließlich auf der Erde vorm offenen Ofen und schauen in die rote Glut der verglimmenden Kohlen. Die liebe, alte Tante sitzt im alten Lehnstuhl neben uns, ihr feines altes Gesicht von einer weißen Spitzenhaube umrahmt. Sie erzählt uns altmodische Kindergeschichten, an die sich immer eine Moral knüpft. Wir hören interessiert zu, knacken dabei Nüsse und werfen die Schalen in die rote Glut – das knistert so schön. – So vergeht die Zeit – vom Kirchturm drüben schlägt es halb fünf. Tante Anna hüllt uns sorgsam in unsere warmen Mäntel und Kapuzen, und fort geht es.

Auf den Straßen liegt tiefe Dämmerung, der Schnee knirscht unter unseren Füßen. Schwärme von Kindern begegnen uns, hier und dort dringt aus einer geöffneten Haustür Gesang zu uns heraus. Wir fassen uns an den Händen und laufen und kommen atemlos heim. Im Flur bleiben wir stehen und singen, als gehörten wir zu den Sängern. Die Köchin kommt aus der Küche gelaufen mit den üblichen Wasserkringeln. Sie jagt uns lachend und scheltend in die Kinderstube. Wir werden nun festlich geschmückt und gehen dann in die Studierstube unseres Vaters, wo wir schon unsere Großmutter mit ihrer getreuen Lebensgefährtin, von uns „Tante Tine" genannt, und zwei alte Freunde des Hauses in behaglichem Geplauder vorfinden.

Seit dem Tode unseres Großvaters schaut Großmutter unserer Bescherung zu. Großvater war zwar niemals bei der Bescherung zugegen, aber wir wussten doch, er saß währenddessen behaglich in seinem Kontor und freute sich über die kleinen Sendungen an Geld und Viktualien – meistens ein großes Stück Rauchfleisch – die er von dort aus an Kinder und Schwiegerkinder gespendet hatte.

Nun da auch er in das Land der Vergangenheit gegangen ist, lässt die bunte Kinderfreude diesen Abend der Erinnerung sanft für unsere Großmutter vorübergehen.

Endlich ertönt der Klang der silbernen Glocke. Wir stürzen die Treppe herunter, die Flügeltüren fliegen auf, wir treten ein, jung und alt. Ein starker Duft von Tannen, brennenden Lichtern und braunen Weihnachtskuchen schlägt uns entgegen – und da steht er, der brennende Baum, im vollen Lichterglanz. Ich will ihn mit meines Vaters eigenen Worten schildern:

„Mit seinen Flittergoldfähnchen, seinen weißen Netzen und goldenen Eiern, die wie Kinderträume in den dunklen Zweigen hängen." – Oder wie er in einem Brief an Freund Keller geschildert wird: „Der goldene Märchenzweig, dito die Traubenbüschel des Erlensamens und große Fichtenzapfen, an denen lebensgroße Kreuzschnäbel von Papiermaché sich anklammern. Rotkehlchen sitzen und fliegen in dem Tannengrün, und eines sitzt und singt bei seinem Nest mit Eiern. Feine weiße Netze, deren Inhalt sorgsam in Gold- und andere in Lichtfarben gewählte Papiere gewickelt ist."

Der Märchenzweig ist eine Erfindung meines Bruders Ernst. Ein großer Lärchenzweig wird ganz vergoldet und so in der Mitte des Baumes befestigt, dass er seine schlanken feinen Zweige nach allen Seiten ausbreitet. Ein Freund unseres Hauses, Regierungsrat Petersen, der derzeit in Schleswig lebte, taufte den so vergoldeten Zweig „Märchenzweig". Freund Petersen und Vater tauschten alle Jahre kleine Weihnachtsüberraschungen aus. In einem Jahr brachte er Vater kurz vor Weihnachten das erste Paket „Lametta". Vater schreibt darüber:

„Unser Tannenbaum hat in diesem Jahr besonderes Aufsehen erregt. Freund Petersen brachte am Sonntag vor Weihnachten eine Tüte märchenhafter Silberfäden. Mit diesen feinen Silberfädchen wurde der Baum umsponnen, dass er aussah wie fliegender Sommer."

Unser Karl setzt sich ans Klavier und stimmt leise an: „Stille Nacht, heilige Nacht." Wir alle stimmen ein. Das Weihnachtslied ist verklungen, wir umstehen den Baum und lassen die Wunder der Weihnacht still auf uns wirken. Vater nickt uns bewegt zu, legt den Arm um unsere Mutter und führt wie immer sie zuerst zu ihren Gaben, die geheimnisvoll umhüllt sind. Mitten auf dem Tisch steht zu Mamas grenzenloser Verwunderung Vaters Pelzmütze. Mama erfasst sie zögernd, ihr Blick hängt fragend an dem unseres Vaters – und hervor rollt eine große Papierkugel. Ein Papier nach dem andern wird abgewickelt, bis sich schließlich in einem kleinen Kästchen verborgen ein feiner, goldener Ring dem erstaunten Blick zeigt. Eine Schlange, die sich in den Schwanz beißt, ein solcher Ring war ein langgehegter Wunsch meiner Mutter. Vater erwartete leuchtenden Auges die Wirkung seiner Überraschung. Mein Schwester Ebbe sagte einmal bei solcher Gelegenheit: „Vater hat ein Weihnachtslicht in den Augen." Nun führt Vater jedes seiner Kinder zu seinen Gaben, uns kleine zuerst. Puppen – wohin wir sehen, kleine und große – und Bücher, die durften niemals auf unserm Weihnachtstisch fehlen. Wir haben uns müde gespielt – wir nehmen unsere Weihnachtsbücher und setzen uns im trauten Schein des Lichterbaumes und lesen. Gar verführerisch ist es, heimlich ein Stückchen Zuckerwerk abzuzupfen und es ebenso heimlich zu verzehren. Vater tritt leise zu uns unter den Tannenbaum, streicht uns sanft mit seiner schönen, schlanken Hand übers Haar uns fragt: „Hab' ich's getroffen?" Nachdem sich das erste Entzücken gelegt hat, bringt die Köchin das messingene Kohlenkomfort, auf dem gar bald der blitzblank geputzte Teekessel ein melodisches Lied anstimmt, und der Duft feinsten Tees vermischt sich mit dem der Tanne und der braunen Weihnachtskuchen. Die beiden Mädchen in den gleichen maiengrünen Festgewändern, mit Häubchen und blendend weißen Schürzen angetan, präsentieren den Tee, wir Kinder den knusprigen Weihnachtskuchen. So sitzen wir recht traut beisammen. Da erklingt von draußen, vom Vorplatz, der Gesang einer tiefen melodischen Altstimme zu uns herein:

„O du fröhliche,
o du selige,
gnadenbringende Weihnachtszeit."

Ein helles Leuchten verklärt das liebe Angesicht unseres Vaters, er steht leise auf, öffnet die Tür und zieht ein gar liebliches kleines Bettelmädchen herein.

Das Kind, mit von der Kälte geröteten Wangen, strahlenden Kinderaugen, das Gesichtchen von blonden Locken umrahmt, bleibt stumm und wie verzaubert im Türrahmen stehen.

Wir alle umstehen sie, sie muss noch einmal ihre glockenreine Stimme hören lassen. Dann erfasst Vater eines ihrer schmutzigen kleinen Händchen und fragt sie liebreich: „Was willst du nun haben, etwas zu essen oder Kuchen?"

„Danke, ich habe schon gegessen", spricht das Kind zu unserer grenzenlosen Freude. Da heißt mein Vater sie ihr Schürzchen auftun, Mama nimmt vom Tisch einen vollen Teller Weihnachtskuchen und schüttet ihn in die ausgebreitete Schürze.

Voll leuchtenden Dankes schaut das Kind zu Mama auf, wirft noch einen scheuen Blick auf all den Lichterglanz und die strahlenden Gesichter, und fort ist sie, die kleine Lichtgestalt, denn so erscheint sie uns trotz ihrer Lumpen.

Die Lichter sind erloschen, die glitzernde Pracht des Baumes leuchtet nur noch im matten Dämmerlicht der Lampen. Unsere Mutter ruft zum Festessen. – Wir Kinder trennen uns schweren Herzens vom Tannenbaum, unseren Puppen und Büchern. Sauerbraten und ein großer Apfelkuchen – Tante Moritz genannt – bilden das Festessen, Punsch, nach Vater kurzweg „Landvogt" genannt, ist das Festgetränk.

Wir alle sitzen an unseren Plätzen, der Punsch ist in die Gläser geschenkt, Vater erhebt sein Glas, er nickt uns allen voll innigster Befriedigung zu und sendet dann in einem kleinen Trinkspruch „einen vollen Gruß seiner Liebe" allen denen, die seinem reichen, liebevollen Herzen nah', an diesem Abend aber ferne von ihm sind. Der Apfelkuchen wird aufgetragen, nach dem unsere begehrlichen Kinderaugen schon lange ausschauen.

Einer der alten lieben Weihnachtsgäste wirft an jedem Weihnachtsabend zu unserer heimlichen Freude die Frage auf: „Ist das nicht Tante Moritz?“ Und jedes Mal folgt die prompte Antwort: „Ja, das ist Tante Moritz.“

Von Tante Moritz ist nach einer Weile keine Spur mehr, und nun geht es noch einmal zurück ins Weihnachtszimmer. Jeder von uns folgt seinen besonderen Neigungen. Meine Brüder ergreifen mit einem wahren Festtagsausdruck ihrer blauen Augen die neuen Bücher und ziehen sich mit ihnen in irgendeinen Schmunzelwinkel zurück. Wir Kinder nehmen unsere Puppen auf den Schoß und lauschen, denn Karl, unser Musikus, singt uns ein neueinstudiertes Lied von Robert Franz:

„Einen schlimmen Weg ging gestern ich,
einen Weg, den ich nicht wieder geh,
zwei süße Augen trafen mich,
zwei süße Augen, lieb und blau.“

Karl hat einen wunderbaren Bariton und singt einfach, mit tief zu Herzen gehendem Vortrag. Zum Schluss spielen Karl und meine Schwester Lisbeth „Nussknacker und Mausekönig“ von Carl Reinecke. Vater liest den Text dazu. So ist es immer bei uns.

Lautlos lauschen wir alle, eine träumerisch – selige Stimmung umfängt uns. Der letzte Ton, das letzte Wort ist verklungen. Unsere Mutter mahnt leise zum Schlafengehen. Draußen vor dem Fenster stäubt der Schnee, aber während wir Kinder bald in einen tiefen Schlaf fallen, machen die Eltern und großen Geschwister noch einen Besuch im brüderlichen Hause in der Süderstraße.

Jahre kommen und gehen. Es ist unserm lieben Vater nicht mehr vergönnt, alle seine Kinder um den heimatlichen Weihnachtsbaum zu versammeln. Stattdessen werden Kisten gepackt und Pakete gemacht und Weihnachtsbriefe geschrieben. An Hans nach Wörth in Bayern, wo er als Arzt lebt, an Ernst nach Toftlund und Lisbeth nach Heiligenhafen. Sie haben sich inzwischen selbst ein Heim gegründet und schmücken dort ihren Kindern den Baum.

Und Vater klagt in einem Brief an seine Tochter Lisbeth: „So haben wir denn das Weihnachtsfest gehabt, und ich fühle es recht schmerzlich, dass wir gar so getrennt sind. Es ist sehr schön, der Mittelpunkt einer großen Familie zu sein, aber recht schwer, wenn so ein alter Mensch sich in so viele Teile spalten soll. Für mich fehlen zu viele von Euch, als dass das Weihnachtsfestgefühl so recht hätte aufkommen können."

Noch einmal, ein letztes Mal, wird es für unsern lieben Vater „Weihnachten". Zum ersten Male fehlt eines seiner Kinder ganz, auch seine liebevollsten Gedanken vermögen es nicht mehr zu erreichen. Unser ältester Bruder Hans ist von uns gegangen. Der Baum steht noch einmal in vollem Lichterglanz, die Flügeltüren öffnen sich weit. – Vater legt den Arm um Mama, wir, die wir keine Kinder mehr sind, umstehen das Klavier, und Karl stimmt leise an: „Stille Nacht, heilige Nacht." Wie wir an die Stelle kommen „Schlaf in himmlischer Ruh" – da breitet Vater weit die Arme aus, Tränen stürzen aus seinen lieben Augen, und leise hören wir ihn die Worte sprechen: „Unten in Bayern, da ist ein einsames Grab, darüber weht der Wind, und der Schnee fällt in dichten Flocken drauf."

Wir singen nicht weiter, wir gehen zu ihm und nehmen sanft seine lieben Hände, und eine schmerzliche Ahnung, dass wir wohl so zum letzten Male mit unserem lieben kleinen Vater unter dem brennenden Lichterbaum stehen, durchzittert unsere Herzen. So endet das letzte Weihnachtsfest mit unserem Vater.

Gertrud Storm (1865 – 1936)

17 DRAUSSEN VOR DEN SCHAUFENSTERN

Der Engel der Bescheidenheit

Die Geschichte erinnert an ein Weihnachtsritual der Kindheit und daran, dass es beim Stichwort „Geschenke" nicht in erster Linie um Konsum und Habenwollen gehen sollte.

„Ein Berg Geschenke", dachte die Sechzigjährige nervös. „Und so viele Kolleginnen und Kollegen sind gekommen." Sie griff in ihre Jackentasche. Der Zettel war noch da. Hoffentlich würde sie ihn nicht brauchen; ihre Rede ablesen zu müssen wäre ihr peinlich.

Der Raum füllte sich. Eigentlich hatte sie ja nicht groß feiern wollen, schon gar nicht so kurz vor Weihnachten, wo viele schon in den Winterferien waren, aber dann hatten die Kolleginnen ihr zugeredet. Deinen sechzigsten Geburtstag kannst du doch nicht so einfach übergehen. Wir helfen dir bei den Vorbereitungen. Ganz ohne Gäste wirst du schon nicht dastehen, keine Bange. Und tatsächlich waren erstaunlich viele Kolleginnen und Kollegen gekommen, sogar ein paar, die sich schon in den Urlaub verabschiedet hatten, aber noch nicht verreist waren. Die Sechzigjährige sah die Verwaltungsleiterin mit ausladenden Schritten auf sie zukommen. Bei dem schmalen, rot eingeschlagenen Päckchen, das sie sich unter den linken Arm geklemmt hatte, handelte es sich sicher um ein Buch, einen Bildband wahrscheinlich. Die Verwaltungsleiterin verschenkte mit Vorliebe Bildbände. „Wie nett, vielen Dank! Ich freue mich, dass Sie gekommen sind!" Noch ein Blumenstrauß, noch eine Flasche Rotwein und noch etwas hübsch Verpacktes. Wohin damit? Langsam wurde es eng auf dem Geschenketisch. „Pur oder mit Orangensaft?", fragte die Sechzigjährige. Sie verteilte Sektgläser, schüttelte Hände und nahm zahllose Glückwünsche entgegen. Der Raum war voll gepackt mit Frauen und Männern in Feierlaune. Die Jubilarin nippte an ihrem Sektglas. Ihr schwirrte der Kopf. Mit welchem Satz begann noch der Mittelteil ihrer Rede? Sie versuchte, sich zu konzentrieren. Bling, bling. Die Gäste wendeten die Köpfe zum Fenster. Von dort kam das Geräusch. Der Abteilungsleiter, der sich bislang diskret im Hintergrund gehalten hatte, stieß mit einem Espressolöffel gegen sein Sektglas. Schlagartig verebbte das Stimmengewirr. „Liebe Frau …" Der Abteilungsleiter setzte zu reden an und sie merkte, wie ihr Herz zu klopfen begann. Sie merkte dann aber auch, wie sie zunehmend ruhiger wurde. Es war eine schlichte, wertschätzende Ansprache. Sie war ihm dankbar. Er verlor sich weder in einem epischen Festtagsgedicht auf seine „liebe, sehr verehrte Mitarbeiterin" noch nutzte er die Gelegenheit zu einer Selbstdarstellung. Das war eine gute Rede: „mit einem Anfang und einem Ende und dazwischen ziemlich kurz".

Die Sechzigjährige bedankte sich bei ihrem Vorgesetzten; der erhob sein Sektglas auf sie, die Kolleginnen und Kollegen taten es ihm nach, es wurde applaudiert. Jetzt bin ich an der Reihe, dachte die „Laureatin" und räusperte sich. Sie sah in die erwartungsvollen Gesichter der Umstehenden, einige nickten ihr aufmunternd zu. Sie zog den Zettel aus ihrer

Jackentasche, warf einen Blick darauf und zögerte und … zerknüllte ihn. Freundliches Gelächter.

„Eigentlich wollte ich eine vorbereitete Rede halten", begann sie und machte eine Pause. „Aber ich habe es mir anders überlegt. Ich möchte keine Rede halten, ich möchte Ihnen eine Geschichte erzählen, eine, die vom Feiern und vom Schenken handelt. Heute feiern wir meinen Geburtstag und in drei Tagen feiern wir noch ein Fest. Heiligabend. Vielleicht haben Sie schon die Geschenke für Ihre Lieben zusammen, wenn nicht, werden einige von Ihnen vielleicht abends nach Dienstschluss noch in die Geschäfte eilen. Diese haben ja bis 22 Uhr geöffnet und manche, so kurz vor Weihnachten, öffnen sogar am Sonntag. Und da bin ich bei meiner Geschichte. Sie spielt in der Vorweihnachtszeit meiner Kindheit. Ich möchte Ihnen von einem Adventsritual erzählen, das es in unserer Familie gab. Jeden Sonntag nach den Zwanzig-Uhr-Nachrichten, wenn es draußen schon dunkel war, fuhren unsere Eltern mit uns in die Stadt. Die Warenhäuser und Cafes hatten längst geschlossen und es waren nur wenige Menschen in der Kälte unterwegs. Unsere Eltern hatten uns in dicke Mäntel und Mützen und in warme Stiefel und Handschuhe gepackt und so stapften wir neben ihnen her, traten vor die herrlich dekorierten Schaufenster und standen und staunten und waren glücklich. Kaufen konnten wir von den Herrlichkeiten hinter Glas nichts. Nicht um diese Uhrzeit. Und selbst wenn die Geschäfte noch geöffnet gewesen wären, hätten wir nichts kaufen können. Wir waren fünf Kinder und große Sprünge konnten sich meine Eltern nicht leisten. Wir mussten uns bescheiden. Manches war einfach nicht drin. Darüber herrschte stilles Einverständnis unter uns. Dieses stille Einverständnis machte uns auf eine Weise zufrieden mit dem, was wir hatten oder auch nicht haben konnten. Es fehlte uns im Grunde an nichts.

Erst wenn wir nach den Weihnachtsferien in der Schule von unserer Lehrerin gefragt wurden, was wir denn alles Schönes geschenkt bekommen hätten, worauf meine Mitschülerinnen all die vielen schönen teuren Geschenke aufsagten wie ein Gedicht, stellte sich bei mir das mulmige Gefühl ein: abseits, draußen vor den Schaufenstern zu stehen. Dann tat ich etwas, was mir im Grunde nicht behagte. Ich trug aus den Aufzählungen meiner Klassenkameradinnen eine eigene Liste, ein eigenes gestohlenes Geschenkegedicht vor und gab es als das meine aus. Damit war ich im tiefsten Grunde meines Herzens nicht einverstanden, nicht ‚zu Frieden', so wie ich im tiefsten Grunde meines Herzens doch zufrieden war mit dem, was an bescheidenen Geschenken auf meinem Gabentisch lag. Dieses erlogene Geschenkegedicht kam mir vor wie ein beschämender Verrat an unserem stillen Einverständnis, an unserem bescheidenen unvergleichlichen Reichtum: miteinander durch die dunkle, beleuchtete Stadt zu gehen, draußen vor den Schaufenstern zu stehen und dabei glücklich zu sein."

Die Sechzigjährige schwieg. Auch die Gäste schwiegen. Eine nachdenkliche Stille lag über dem Raum, als würden alle noch über das Erzählte nachdenken oder in eigenen Erinnerungen schwelgen.

„Vielleicht fragen Sie sich, was diese Weihnachtserzählung mit meiner Geburtstagsfeier oder einer Dankesrede zu tun hat", fuhr die Frau nach einem kurzen Schweigen fort. Sie lächelte und schaute sich um. „Heute können wir rund um die Uhr ‚shoppen' gehen. Ob in der Einkaufsstraße oder im Netz, wir müssen nicht draußen vor den Schaufenstern stehen, wir haben ein gutes Auskommen. Zumindest die meisten von uns. Auch ich muss schon lange kein erfundenes Geschenkegedicht mehr aufsagen. Viele Träume habe ich mir bis heute erfüllen können und dieser üppig gefüllte

Tisch würde den Rahmen jedes Gedichtes sprengen. Und trotzdem geht es mir heute auch ein wenig wie damals …“ Sie deutete auf ihren Geschenketisch. „Verstehen Sie mich bitte nicht falsch. Ich freue mich sehr über die Geschenke und ich danke Ihnen für all das hier. Zu Hause werde ich alles in Ruhe auspacken. Aber, ganz ehrlich: Viel mehr als über den Geschenkeberg freue ich mich darüber, mit lieben Menschen zusammen zu sein. Und dass heute so viele von Ihnen gekommen sind, um mit mir gemeinsam zu feiern, das ist und bleibt das schönste Geschenk.“

Ute Elisabeth Mordhorst

18 KINDLICHES VERGNÜGEN

Der Engel der Freiheit

Wer sich kindliche Freude bewahrt
und sich nicht einschränken lässt von dem,
was man angeblich „nicht tut",
der hat mehr vom Leben.

Frische, klare Luft strömt mir entgegen, als ich die Haustür öffne. Es riecht nicht nur nach Schnee, alles liegt unter einer dicken, glitzernden weißen Decke. Die letzten Tage hat es immer wieder geschneit, und auch tagsüber haben es die Temperaturen nicht über den Gefrierpunkt geschafft. Heute haben wir geradezu Bilderbuchwetter: Blauer Himmel, Sonnenschein und kein Lüftchen regt sich. Kann es bessere Voraussetzungen für einen Winterspaziergang geben?

Während ich noch in die warmen Stiefel schlüpfe, erkunden meine beiden Hündinnen schon die Umgebung. Hier muss eine Katze gelaufen sein, und dort zeigt eine zarte, flache Spur, dass ein Vogel entlanggehüpft ist.

Inzwischen ist die bis dahin weitgehend unberührte Schneedecke von zweimal vier Pfoten markiert, die kreuz und quer ihre Abdrücke hinterlassen haben.

Im Feld ist die Schneelandschaft noch viel beeindruckender: weiß, weich und luftig bedeckt liegen Äcker und Wiesen vor mir. Die Sonne bringt die Millionen Schneekristalle zum

Funkeln. Über mir spannt sich der blaue Himmel. Tief atme ich die Winterluft ein und lasse diese Farben und das Glitzern auf mich wirken. Was für ein Anblick! Die unberührte Fläche wird nur ab und zu durch Wildspuren unterbrochen. Rehe und Hasen waren unterwegs, und ist das vielleicht eine Fuchsspur?

Es ist seltsam still, wie immer, wenn es viel geschneit hat. Der Schnee unter meinen Füßen knirscht leise, als ich dem Weg zum Waldrand folge. Offensichtlich haben viele andere vor mir diesen Tag auch schon für einen Spaziergang genutzt, denn die kalte Masse ist hier fast überall festgetreten. Hm, das fühlt sich nach einem guten Schneemann-Schnee an. Zur Probe forme ich einen kleinen Schneeball – er hält hervorragend zusammen! Vielleicht könnte man ja …

Inzwischen sind wir am Waldrand angekommen. Auf den Ästen der Bäume türmt sich die weiße Pracht. Während die blattlosen Laubbäume nur schmale Schneestege auf ihren Zweigen tragen, beugen sich die Äste mancher Fichte und mancher Kiefer unter der frostigen Last. Die hohen Gräser am Wegrand, die im Herbst schon scheinbar in den Erdboden zurückkriechen wollten, sind dick mit Schnee eingepackt. Auch der Waldboden ist frisch weiß bezogen. Walzenförmige Erhebungen zeigen, wo Baumstämme zugedeckt liegen, und immer wieder ragen heruntergefallene Äste und Zweige aus der Schneedecke hervor.

An einem dieser Äste ist ein winziger Vogel beschäftigt. Flink hüpft er daran entlang und pickt immer wieder ins Holz. Dieses kleine Wintergoldhähnchen mit seinem grünlich braunen Gefieder, der etwas helleren Bauchfärbung sowie dem gelbschwarzen Kopfstreif ist offensichtlich auf Nahrungssuche. Die Tiere ernähren sich von kleinen Spinnen und Insekten. Dafür klettern sie auch manchmal kopfüber einen Zweig hinab oder wagen sich sogar unter die Schneedecke, wenn darunterliegende Fichtenzweige Beutetiere beherbergen. Das Wintergoldhähnchen ist mit einer Länge von circa neun Zentimetern und einem Gewicht zwischen vier und sieben Gramm der kleinste europäische Vogel. Es muss sich ganz schön ins Zeug legen, um im Winter zu überleben. Mindestens so viel wie es selbst wiegt, muss es täglich an Nahrung zu sich nehmen. Damit ist es fast den ganzen Tag beschäftigt.

Wintergoldhähnchen leben bevorzugt in Nadelwäldern. Im Winter kann man sie auch manchmal im Park oder Garten beobachten.

Dieser Vogel hat etwas Anrührendes: Klein und mit rundlicher Gestalt sieht er besonders zart und schutzbedürftig aus, aber auch sehr vital und überlebenstüchtig.

Vom Hauptweg biege ich in einen Seitenweg ab. Hier sind noch nicht so viele Spaziergänger gelaufen, der Schnee ist noch deutlich weicher. Schon bald sinke ich mit meinen Stiefeln knöcheltief ein, vor allem dort, wo die Traktorenreifen im vergangenen Herbst tiefe Spurrillen hinterlassen haben.

Auch der Acker, der hier vor mir liegt, ist mit einer dicken Schneeschicht bedeckt. Das wäre ein idealer Platz, um einen Schneemann zu bauen.

Ich schaue mich um – niemand sonst zu sehen –, denn ein bisschen peinlich finde ich es schon, ohne ein „Alibi-Kind" einem solch kindlichen Vergnügen nachzugehen.

Schnell ist eine kleine Kugel geformt, die sich gut durch den Schnee wälzen lässt. Ja, das pappt gut! Größer und größer wird die Kugel – und immer schwerer. Das muss jetzt erst einmal reichen, sonst wird es schwierig mit dem Aufeinandersetzen. Auch der Oberkörper stellt kein Problem dar, es ist ja genug Rohmaterial vorhanden.

Nachdem meine Hunde zunächst neugierig zugeschaut haben, was ich da mache, haben sie sich wieder ihren Erkundungen zugewandt. Schließlich kann man meine Schneekugeln nicht fressen, und die Wildspuren im Schnee riechen viel interessanter.

Mit etwas Mühe wuchte ich die zweite Kugel auf die erste. Jetzt noch den Kopf gerollt und aufgesetzt – dann ist die Rohform fertig. Schade, dass ich weder einen alten Hut noch eine Möhre bei mir habe. Für Augen, Nase, Mund und Knöpfe kann ich Hundeleckerchen nehmen – wenn meine beiden Hundedamen sie nicht gleich wieder abfressen.

Während ich noch überlege, ob es nicht doch eine Möglichkeit gibt, einen Hut zu zaubern, ertönt hinter mir ein freundliches „Hallo!“. Ein anderer Hundebesitzer ist mit seinem Vierbeiner unterwegs und winkt zu mir herüber. Bin ich also doch erwischt worden! Ein bisschen verlegen erzähle ich, wie viel Spaß es mir macht, einen Schneemann zu bauen, auch wenn das doch eigentlich eher etwas für Kinder ist.

Warum ist mir das eigentlich peinlich? Was ist falsch daran, sich ein kindliches Vergnügen zu erlauben? Nichts! Aber auch in meinem Kopf haben sich gesellschaftliche Konventionen und Vorstellungen darüber eingebrannt, was man zu tun oder zu lassen hat, was sich gehört oder nicht und wie man sich in welchem Lebensalter verhalten sollte. Ob diese Vorstellungen allerdings gerechtfertigt sind und ob sie Sinn machen oder schlichtweg ihren (vielleicht ursprünglich berechtigten) Sinn verloren haben, das wird nicht mehr hinterfragt.

Offensichtlich will ich vor anderen gut dastehen, nicht aus dem Rahmen fallen, nicht belächelt werden. Schade, ich bin wohl doch abhängiger von der Meinung der Leute, als ich es eigentlich möchte. Das kann mich ganz schön unter Druck bringen, wenn nämlich meine Überzeugung und die daraus folgenden Konsequenzen mit den Ansichten anderer kollidieren. Wie werde ich mich dann entscheiden?

Als Christ bin ich zuallererst Gott verantwortlich. Das gibt mir einen klaren Orientierungspunkt. Und es eröffnet mir eine große Freiheit: Gesellschaftliche Normen und Zwänge sind nicht das Maß aller Dinge, sondern Gott.

Und: Bei Gott darf ich Kind sein mit allem, was dazugehört. Vielleicht sollte ich in diesem Winter noch öfter einmal einen Schneemann auf den Acker setzen und mich daran erinnern, dass ich Kind Gottes bin.

Der andere Hundebesitzer fand mein Verhalten jedenfalls gar nicht merkwürdig, sondern hat sich anscheinend über den Schneemann gefreut. Und einige Tage später habe ich auf dem Feld gegenüber eine ganze Reihe weiterer Schneemänner entdeckt!

Ingrid Boller

19 MARIA – EINE FRAU SAGT JA UND WIRD EIN ICH

Der Engel des Vertrauens

Sich auf eine Berufung einlassen,
trotz großer Unsicherheit- mit diesem Mut
und Vertrauen kann Maria uns ein Vorbild sein.

Es steht ein Ja geschrieben über der jungen Frau, die dem Blick des Engels begegnet auf dem wunderschönen Gemälde von Fra Angelico im Kloster San Marco in Florenz. Noch nicht, doch bald wird sie es sagen. Noch hört sie, konzentriert und voller Erstaunen auf das, was der Engel zu sagen hat: »Du sollst gebären, das Heilige in dir, Gottes Sohn.“

Der Engel steht auf einer Wiese, die übersät ist mit Frühlingsblumen. Es scheint früh am Morgen zu sein, der Saum seines Kleides ist nass vom Tau. Seine Flügel sind so farbenprächtig, wie es sich bisher niemand vorzustellen wagte.

Der ganze Augenblick duftet nach neuem Anfang und Hoffnung, als hätte der Wind den Geruch frisch gewaschener Laken, die draußen zum Trocknen hängen, herübergeweht.

Dieser Engel hat rosige Wangen und einen klaren Blick, bodenlos ernst und trotzdem hell, und er beugt sich ein wenig vor, wie in Ehrfurcht vor Maria, oder voller Achtsamkeit, um sie nicht zu erschrecken. Ich weiß nicht, wie er das geschafft hat, Fra Angelico. Das Gemälde ist ein Wunder in sich, der Augenblick, bevor Maria Ja sagt.

Sie sagt Ja dazu, die Errettung in sich zu tragen, Jesus zur Welt zu bringen, ihn in seiner Schutzlosigkeit zu verteidigen, ihn aufwachsen sehen – und ihn ziehen lassen, wenn die Zeit für ihn gekommen ist, sie zu verlassen und seinen eigenen Weg zu gehen. Es ist ein Ja zur Freude, zu dem Unsicheren und Unbekannten. Ein Ja dazu, in die Geschichte einzutreten als verantwortliche Mitspielerin und nicht nur als Zuschauerin. Aber es ist auch ein Ja zur Trauer.

Ein Ja zum Loslassen und zur Ohnmacht der Liebe. Ein Ja zum Schmerz. Und zum Schwersten von allem: zu sehen, wie das eigene Kind einen Weg geht, den sie nicht verstehen und auf dem sie nicht folgen kann. Zu sehen, wie ihr Kind erniedrigt, missverstanden, verspottet und einem grausamen, ungerechten Leiden ausgesetzt wird.

Zum Tode verurteilt, so trägt er,
begleitet von Spott und von Hohn
noch selber sein Kreuz auf den Hügel.
Wie grausam, der eigene Sohn!
Doch über Portale und Mauern,
grad als der Traum von der Liebe zerbricht,
fliegt mit gebrochenen Flügeln
empor ein Vogel ins Licht.

Lisbeth Smedegaard Andersen

Noch weiß sie das alles nicht, das junge Mädchen Maria, als sie ihr Ja sagt. Sie ist ängstlich und fragt sich, was das alles bedeuten wird – aber sie weiß es nicht. Sie ist stolz, glücklich und triumphierend – „es werden mir die Menschen aller Zeiten gratulieren!“, singt sie – , aber doch kann sie das alles nicht erfassen. Ihr Ja ist ein Ja zum Leben. Und mit ihr nimmt die alten, wohlbekannte Geschichte von Gott, der schutzlos und machtlos wie andere Menschen in die Welt kommt, eine unerwartet konkrete Wendung. Maria aus Nazaret, einem kleinen, abgelegenen Dorf in einer entfernten galiläischen Gegend, knapp erwachsen, hinausgetreten auf die Weltbühne, aus den Familienbanden, den Konventionen und der Zugehörigkeit. Maria sagt Ja und wird ein Ich.

Ylva Eggehorn

20 WARUM MIR WEIHNACHTEN GEFÄLLT

Der Engel des „Trotzdem"

Was die Menschen auch daraus gemacht haben, Weihnachten hält einiges aus und hat uns immer noch viel zu geben. Dieser Meinung ist auch eine bekannte deutsche Schauspielerin.

Mir gefallen Menschen, die belastbar sind, die etwas aushalten, die etwas durchhalten. Künstler, Politiker, Bauarbeiter, Großmütter. Ich mag auch Dinge, die etwas aushalten. Eine Reisetasche, die nicht schon nach drei Tagen Paris ihre Nähte aufgibt, sondern auch im Hochland von Peru noch eine gute Figur macht.

Und mir gefällt Weihnachten.

Seit über 2000 Jahren hält Weihnachten aus. Und durch. Darf ich die Belastungen aufzählen?

Wütende und missmutige Menschen, die durch Straße irren, weil sie noch keine Geschenke haben. Streitsüchtige Schwiegermütter, die sich in den Teig der Vanillekipferln einmischen. Rechthaberische Ehemänner, die auf der Suche nach dem Christbaumständer den Sinn des Lebens in Frage stellen. Pubertierende Töchter, die nicht auf Befehl schenken wollen und die ständig auf die Uhr schauen, weil sie nur in der Disko ihre Erlösung finden.

Weihnachten hält schlechten Geschmack aus. Unfassbar, was in diesen wenigen Stunden auf der ganzen Welt alles so ausgepackt wird – aus unfassbar geschmacklosem Papier.

Weihnachten hält atemberaubende Duftkombinationen aus. Onkel Peters neues Rasierwasser entfaltet sich neben Hannas indischen Räucherstäbchen. Weihrauch legt sich über Zimt und Bratapfelduft, Tannennadeln verfeinern Tante Hildas Duftkerzen, und die Geschenkidee eines Raumsprays fügt sich harmonisch in den Duft aus der Karpfenküche.

Weihnachten hat den höchsten Cholesterinspiegel der Welt. Mediziner würden der „Heiligen Weihnacht" nur ein sehr kurzes Dasein prognostizieren, bei den Mengen von Gänsen und Würsten. Fett in allen Pfannen, Ofenrohren, Töpfen und Schüsseln, Risiko auf jedem Tisch: Süßwein und Marzipankartoffeln, Bommerlunder und Butterstollen, Kirschlikör und Griebenschmalz, Vollmilchnuss und Weizenbier.

Alle Jahre wieder: Wie viele Witze muss Weihnachten ertragen, wie viel Protest, Streit, Frust, seelische Zusammenbrüche, ideologische Entwürfe, vereinzelte Klagen aus der Nachbarschaft und traditionelle Klage aus dem Einzelhandel.

Aber keiner kommt daran vorbei, niemand kann sich freimachen von Weihnachten. Auch der nicht, der zornig sagt: „Ich? Ich mache Weihnachten gar nichts, null, nichts." Also auch der macht an diesem Abend deshalb nichts, weil Weihnachten ist. Und der Vorstandsvorsitzende, der vor ein paar Jahren noch mit leuchtenden Augen unterm Christbaum sein erstes ferngesteuertes Auto an sich drückte, steht heute wieder da – trotz schlechter Jahresbilanz, schütterem Haar und Lesebrille. Und singt laut und falsch: „Leise rieselt der Schnee."

Wunderbar: Weihnachten ist unerschütterlich.

Ich kann mir das Jahr ohne Weihnachten gar nicht vorstellen. Weihnachten hilft, die Unberechenbarkeit des Lebens auszuhalten.

Auf irgendwas muss man sich doch verlassen können!

Iris Berben

21. GRAFFITI-WEIHNACHT

Der Engel der Toleranz

Aus einem jugendlichen Übeltäter wird ein Freund, der sich für eine neue Welt öffnet, weil jemand in ihm das Gute erkennt.

Angefangen hatte alles am Abend vor Allerheiligen. Keiner hatte etwas gehört oder gesehen. Doch am nächsten Morgen waren die Menschen schockiert bei diesem Anblick. Der hohe Bretterzaun, der wegen Reparaturarbeiten seit Wochen das Kirchengelände umgab, war mit schaurigen Fratzen besprüht: absinthgelb, blutrot und giftgrün.

„Gestern war Halloween“, seufzte der Pfarrer. Ich werde dafür sorgen, dass diese scheußlichen Graffitis schnellstens verschwinden.“

Wenige Stunden danach war der Zaun mit weißer Farbe überstrichen. Der Gemeinde gefiel es, den Sprayern leider auch. Sie kamen wieder. Ziemlich genervt beschloss der Pfarrer, mit einigen jungen Leuten nachts Wache zu schieben.

Es dauerte drei Nächte, dann erschien eine vermummte Gestalt. Sie trug eine große Tasche und packte hastig, nach allen Seiten witternd, mehrere Farbdosen aus. Lautlos kam der Pfarrer von der einen Seite, Leonie, Stefan und Philipp von der anderen. Da half dem Sprayer kein Sträuben und kein Leugnen. Doch anstatt die Polizei zu rufen, unterbreitete der Pfarrer dem Übeltäter einen Vorschlag. Manuel hatte nur die Wahl zwischen zwei Übeln. Er wählte den Vorschlag des Pfarrers, obwohl ihm nicht ganz wohl bei der Sache war.

Die kuriose Vereinbarung machte schnell die Runde. Gebannt schauten alle auf die Bretterwand. Widerwillig überpinselte Manuel alles weiß und begann am ersten Dezember die Wand von den Enden her landschaftlich zu gestalten. Jede Woche sollte das Gemälde so weit wachsen, dass am 24. Dezember die ganze Weihnachtsgeschichte zu erkennen wäre.

Manuel stöhnte. Die anderen Aerosol-Junkies würden ihn verspotten! Bisher war er in Sprayerkreisen eine Legende gewesen. Aber am helllichten Tag vor einer Kirche eine Wand zu besprühen, das war wirklich demütigend.

Gerade als er misslaunig seine Spraydosen einpackte, kamen der Pfarrer und Leonie vorbei. „Mit welcher Figur fängst du an?“, wollte der Pfarrer wissen.

„Keine Ahnung“, antwortete Manuel verdrießlich. „Solange mir keiner sagt, wie die Geschichte geht, kann ich gar nichts machen.“

„Aber du kennst doch die Weihnachtsgeschichte?“, wunderte sich der Pfarrer.

„Null Ahnung!“ Manuel zuckte gleichgültig die Schultern. „Bei uns zu Hause gab es an Weihnachten Essen und Bier. Und später, im Heim, sind wir ausgebüxt und in die Disco gegangen.“

„Nun, dann werde ich dir erzählen, wie die heilige Familie …“

An dieser Stelle mischte sich Leonie ein: „Lassen Sie mich das mal lieber erklären.“ Der Pfarrer nickte und hörte erstaunt, wie Leonie begann: „Du musst dir vorstellen, da war

Maria, eine junge unverheiratete Frau, die ein Kind erwartete. Aber nicht von Josef, ihrem Verlobten."

„Au weia", grinste Manuel.

„Aber", fuhr Leonie fort, „der Verlobte hielt trotzdem zu ihr."

„Anständig von ihm", nickte Manuel.

An dieser Stelle beschloss der Pfarrer stirnrunzelnd das Feld zu räumen. So hätte er die Weihnachtsgeschichte bestimmt nicht erzählt. Doch Leonie fuhr unbekümmert fort: „Weil damals eine Volkszählung stattfand, mussten Maria und Josef nach Bethlehem wandern. Es war sehr beschwerlich, vor allem für Maria. Total erschöpft kamen sie an. Aber kein Gasthof wolle ihnen ein Bett zum Übernachten geben."

„Das ist heute auch nicht anders", bemerkte Manuel verbittert. „Wenn du arm bist, hast du nirgendwo eine Chance. Keiner will dich."

Leonie schaute ihn voller Mitgefühl an. Wie viele Enttäuschungen und Tiefschläge hatte er wohl im Leben schon verkraften müssen. Trotzdem fuhr sie munter fort und erzählte verständlich und lebensnah von der Geburt und der Krippe, von den Hirten und dem Engel und von den drei Weisen und ihren Geschenken.

Sie schaute Manuel dabei aufmerksam an.

„Konnte ich rüberbringen, was Weihnachten bedeutet?", fragte sie ihn.

„Weihnachten wird gefeiert zur Erinnerung an die Geburt eines Kindes. Also ist es ein richtiger Geburtstag."

„Ja", sagte Leonie. „Du hast es toll verstanden."

„Du hast es auch toll erklärt", grinste Manuel ungelenk. „Jetzt weiß ich, wie ich alles arrangieren muss."

Die Idee mit der Graffiti-Wand fand allgemein großen Anklang. Manuel – gewohnt, allein und im Dunkeln zu arbeiten – fühlte sich schrecklich unwohl bei so vielen Zuschauern. Doch immer wieder ertappte er sich dabei, dass ihm die freundliche Umgebung gefiel. Da gab es tatsächlich Menschen, die seine Arbeit gut fanden und lobten.

Die Figuren gestaltete er detailverliebt. Maria geriet schön und zart. Josef, von kräftiger Statur, legte schützend seine Hand um ihre Schulter. Völlig selbstverständlich sprühte Manuel die Krippe samt Jesuskind ins Zentrum, obwohl er vor zwei Wochen noch nichts von diesem Kind gewusst hatte.

Das Graffiti-Werk leuchtete herrlich farbenfroh in diesen trüben Tagen. Trotzdem konnte Manuel irgendwann nicht mehr weiterarbeiten.

„Warum nicht?“, wollte der Pfarrer wissen.

„Weil ich keinen Engel sprühen kann, wo doch jeder weiß, dass es keine Engel gibt. Niemand hat je einen gesehen.“

Der Pfarrer freute sich, dass der Junge die Weihnachtsgeschichte so ernst nahm und sich Gedanken darüber machte. Er sagte: „Du musst nicht unbedingt einen Engel mit Flügeln malen. Du kannst auch nur ein großes Licht in die Dunkelheit malen. Was uns der Text sagen will, ist, dass Jesus geboren wurde, um sein Wort auch den Menschen zu verkünden, die weit draußen leben – außerhalb der Gesellschaft, oft einsam und im Dunkeln. Außerdem gibt es sehr wohl Engel unter uns. Wenn ein lieber Mensch uns in einer schwierigen Lage hilft, dann sagen wir *Du bist ein Engel.* Und wir meinen: Dich hat Gott im rechten Augenblick geschickt, damit ich nicht verzweifle und einen Ausweg aus meinem Problem finde.“

Manuel nickte ernst. „Ich denke darüber nach.“

Einen Tag vor Heiligabend war das Kunstwerk fertig. Als Leonie vorbeiradelte, sah sie, wie Manuel seine Dosen einpackte.

„Was machst du über die Weihnachtsfeiertage?", fragte sie.

„Ich bin da, wo ich immer bin, in der WG bei meinen Kumpeln."

„Hättest du nicht Lust, morgen in die Kirche zu kommen? Schließlich ist dies hier dein Werk. Anschließend könntest du zu uns nach Hause kommen. Es gibt Gänsebraten."

„Und was sagt deine Mutter dazu, wenn du einen Sprayer mitbringst?"

„Sie ist einverstanden. Ich habe schon mit ihr gesprochen."

Eine verwirrte Sekunde lang betrachtete Manuel sein Gegenüber. Machte das Mädchen sich lustig über ihn?

Leonie fühlte seine Unsicherheit. „Ich meine es ernst. Du bist ein netter Kerl, gar nicht so abgebrüht, wie du dich gibst. Meine Eltern würden sich freuen. Ich natürlich auch", fügte sie hinzu und schaute ihm offen und freundlich ins Gesicht.

„Was müsste ich bei euch machen", fragte Manuel unsicher.

Leonie lachte herzlich. „Gar nichts. Wir gehen nach dem Gottesdienst nach Hause, zünden die Kerzen am Weihnachtsbaum an. Vater liest die Weihnachtsgeschichte und gemeinsam singen wir ein Weihnachtslied. Dann kommt die Bescherung und danach gibt es Mutters leckeres Essen in fröhlicher Runde."

„Aber ich habe kein Geschenk."

„Macht nichts. Vielleicht malst du etwas für uns? Ich meine *malen,* nicht *sprühen.* Mein Vater mag sein Garagentor nämlich lieber weiß!"

Jetzt lachte auch Manuel. Matt gesetzt von ihrer fröhlichen Art und ihren großen blauen Augen versprach er: „Okay, ich komme."

Am Heiligen Abend strebten die Gläubigen zur Kirche. Vorbei an dieser lebhaft bunten Weihnachtsgeschichte. Besonders beeindruckend fanden sie den Engel in einem hellen Licht, das den Hirten erschien. Zwar hatte der Engel keine Flügel, aber mit seinen großen blauen Augen kam er manchem auf wundersame Weise vertraut vor.

Die Umstände dieser gesprühten Weihnachtsgeschichte bewegten die Herzen der Kirchenbesucher sehr. Ein junger Mensch mit vielen eigenen Problemen hatte hier kreativ zum Ausdruck gebracht, was Christen in aller Welt glauben. Nämlich dass es einen gibt, zu dem sie mit all ihren Sorgen und Nöten kommen können, der sie tröstet und stärkt und ihnen durch seinen Engel verkündigen lässt, was dort leuchtend zu lesen war:

FÜRCHTET EUCH NICHT!

Ursula Berg

22. DIE HIRSCHKUH

Der Engel der Neugier

An einem Weihnachtsfest vor langer Zeit wird ein kleiner Junge durch seine grenzenlose Neugier ungehorsam und bekommt die Strenge des Vaters und die Milde der Mutter zu spüren.

Immer, schon als Kind, habe ich es geliebt, mir von alten Leuten Geschichten erzählen zu lassen. Geschichten aus ihrem Leben. Aus lange vergangenen Tagen. Aus Tagen anderer Lebensläufe, anderer Sitten, anderer Gepflogenheiten.

Einmal, als junges Mädchen, erfreute mich eine sehr alte Frau mit einer besonders schönen Geschichte, die aber nicht sie, sondern ihr lang verstorbener Mann in seiner Kinderzeit erlebt hatte. Es erschien mir und erscheint mir auch heute noch diese kleine, innige, herznahe Begebenheit aus sehr fernen Tagen und unter einfachen Menschen so liebenswert, dass ich sie hier wiedererzählen möchte.

„Mein Mann und ich waren Kinder armer, kleiner Bauern, die mit einem Stückchen Acker und etwas Vieh ihr bescheidenes Leben fristeten, so gut es gehen mochte. Obwohl wir in ganz verschiedenen Gegenden aufgewachsen sind, wussten wir aus unserer armen Kindheit fast Gleiches zu berichten. – Arbeit, Strenge, Not und vieles Beten haben unsere Tage bestimmt. Und eine hohe Ehrfurcht vor den Eltern.

Zärtlichkeiten blieben uns fremd, aber da wir sie nicht kannten, haben wir sie auch nicht vermisst. –

Das Wenige, was der kleine Acker trug, was die beiden Kühe, zwei oder drei Schweine und die Hühner hergaben, wurde verkauft. Für die große Familie blieb wenig genug. Aber niemand von uns ist jemals hungrig vom Tisch aufgestanden.

Das Elternhaus meines Mannes hat in einem kleinen Dorf bei Köln gestanden. Ein winziges, ebenerdiges Häuschen, das acht Menschen bewohnten. Kleine dumpfe Stuben mit ärmlichen Hausrat, niedrige Fenster, aus denen man auf die Felder der beiden größten Bauern des Dorfes sah, bei denen mein Schwiegervater mit den beiden älteren Kindern manchmal um Tagelohn aushalf.

Der Vater meines Manns war ein großer, schweigsamer, zu Jähzorn neigender Mann, den seine sechs Kinder mehr fürchteten als liebten. Er war der Herr, der die Befehle gab, und alle, auch die Mutter, waren ihm zum Willen.

Viele Dinge seines damaligen Lebens sind meinem Mann immer in trüber Erinnerung geblieben – Wasserschöpfen aus dem halbvereisten Brunnen hinterm Haus, mit wunden kleinen Fingern stundenlang Rüben und Bohnen schnitzeln für die großen Fässer, in die sie als Vorrat für den Winter eingesalzen wurden, Kartoffeln aus dem Acker klauben mit schmerzendem Rücken, und in glühender Sonne für die reichen Nachbarn das Korn zu Garben binden. Und auch noch dies: im Winter auf vereister Dorfstraße zu nachtschlafender Zeit in die kleine Dorfkirche zur Frühmesser stapfen, mit kältestarren Fingern und mit leerem Magen. Denn das Hafer- oder Mehlmus mit dem Happen Brot gab es erst hinterher. Aber wie oft auch hat er mir erzählt, wie gut dann das karge Morgenessen am alten Tisch beim trüben, rötlichen Schein der Öllampe geschmeckt hatte. – Nach dem Frühstück dann hatte es für die Buben noch dies und jenes im Haus und Stall zu verrichten gegeben. Dann erst hatten sie zur Schule traben dürfen. Im Winter oft in dichtem Schneetreiben und mit unzulänglichem Schuhwerk. Schuhe waren in unserer Kinderzeit und für uns arme Bauern teuer und für seinen Vater fast unerschwinglich.

Mein Mann entsann sich auch der wenigen Male, wo er versucht hatte, sich seiner Mutter in liebevoller Weise zu nähern, sie zu umfangen mit den kleinen Armen und sich an ihren weiten, meist grobleinenen Rock zu schmiegen. Aber stets war er mit einer kurzen, unwilligen Handbewegung zurückgeschoben worden. Und immer danach hatte er sich sehr geschämt, als habe er etwas Unrechtes getan.

In jener Zeit war es in dieser Gegend üblich, dass die Kinder in der Heiligen Nacht, wenn sie aus der Christmette zurückkamen, auf ihrem Platz am Tisch eine kleine gebackene Hirschkuh fanden, ein Gebilde aus Hefeteig. Der Sattel war aus Mandeln und Rosinen. Wohlhabenderen Kindern war damals wohl noch manches dazugelegt worden an Zuckersachen und Spielzeug. Aber mein Mann und seine Geschwister bekamen nur die klein Hirschkuh. Nichts weiter. Aber dass sie ein Geschenk des „Heiligen Nikolaus“ war, den nie jemand zu Gesicht bekommen hatte, machte diese bescheidene Gabe überaus beglückend und geheimnisumwoben.

Mein Mann war ein sehr neugieriger Bub. Damals, als es geschah, von dem ich erzähle, war er etwa acht Jahre alt. Unerschütterlich noch glaubte er, dass die Hirschkuh eigens vom Heiligen Nikolaus den Kindern gespendet wurde. Aber es gelüstete ihn heftig, ihn auch einmal mit eigenen Augen zu sehen. Da der Heilige Mann seine Gaben in der Zeit verteilt hatte, da alle in der Christmette waren, konnte er ihn nur überraschen, wenn er der Mette fern und zu Hause blieb. Tage zuvor schon trug er diesen abenteuerlichen

Plan mit sich herum, ohne ihn indes den Geschwistern zu verraten. –

Am Abend jenes vierundzwanzigsten Dezember hatte es dicht zu schneien begonnen. Und es schneite unaufhörlich fort. Dem kleinen Buben wollte die Nacht nicht einbrechen. Aber dann war es doch endlich so weit. Als man aufbrechen wollte, war der Jakob nicht dabei. Aber das fiel niemandem auf, weil sich auf der Dorfstraße viele Nachbarn trafen und einander begrüßten. Auch war es dunkel, obwohl einige Nachbarn Stalllaternen vor sich hertrugen. So war es Jakob gelungen, sich einschließen zu lassen, Als die Stimmen sich entfernt hatten, öffnete er mit heftig klopfendem Herzen die Tür zur Schlafkammer der Eltern, die zum vorderen Dorfweg hinausging. Dann stellte er sich ans Fenster, um den „Heiligen Mann" zu erwarten. Es war ihm keineswegs wohl dabei. So stand er zitternd vor Kälte und Bängnis im Dunkel der Nacht am winzigen Fenster und harrte der Dinge, die da kommen sollten. Dann ist er wohl eingeschlafen. Als in später laute Stimmen und der Lichtschein einer Laterne trafen, erwachte er und sah vor sich Gesichter seiner Eltern und seiner Geschwister. Und da gestand er unter Tränen, dass er dem „Heiligen Mann" aufgelauert hätte. Eine ungute Stille war um ihn her entstanden. Dann fuhr ihm die schwere und harte Hand seines Vaters schmerzend ins Gesicht. Die Geschwister wagten nicht mit ihm zu sprechen. Und auch die Mutter schien ihn gar nicht zu beachten. Aber er durfte mit den andern in die Stube kommen, wo der alte, schwere Eichentisch festlich mit einer weißen Leinendecke geschmückt und wo in er Mitte eine leuchtend rote Kerze brannte. Auf den Plätzen der Geschwister lagen fünf goldgelb gebackene Hirschkühlein. Aber sein Platz war leer. Da ließ er den Kopf sinken und weinte. Aber niemand beachtete ihn. Dann sangen alle noch ein Weihnachtslied und sprachen ein Gebet, ehe man schließlich zur Ruhe ging.

Mein Mann schlief mit seinen Geschwistern in einer kleinen Kammer hofwärts, neben dem Stall. Der Vater hatte ihnen streng verboten, mit ihm zu sprechen. In dieser Nacht fand er keinen Schlaf. Er kam sich sündig und ungeliebt vor. Und sehr verlassen. – Mitternacht war lang vorüber. Und er konnte immer noch nicht einschlafen. Da hörte er plötzlich ein knarrendes Geräusch und schrak zusammen. Da sah er, dass die Kammertür sich öffnete und er erkannte im Schein einer Kerze seine Mutter. Sie erschien ihm hell und groß und fremd. Fast wie ein Engel. So, wie er sie nie zuvor gesehen hatte. Mit behutsamen Schritten kam sie auf sein Bett zu. Sie beugte sich über ihn, und er schloss rasch die Augen. Da fühlte er leise, so leise, dass er später glaubte, es geträumt zu haben, ihre Hand auf seinem Gesicht. Dort, wo noch der Schlag des Vaters brannte. Und dann legte sie etwas auf seine Bettdecke. Dann schloss sich die Tür der Kammer wieder behutsam, und um ihn herum war nur die Nacht. Die Geschwister schliefen fest. Da griff er nach dem, was die Mutter auf seine Bettdecke gelegt hatte. Da fühlte und da roch er und da schmeckte er mit seiner tastenden Zunge, dass es die Hirschkuh des „Heiligen Mannes“ war.

Andern Tags, aber auch später, wurde nicht über dieses wunderbare Ereignis in der „Heiligen Nacht“ gesprochen. Auch die Geschwister und der Vater erfuhren nie davon. Mutter und Kind verbargen andern Tags wie in Scham die Augen voreinander. – Es sollte so bleiben, dass nur er und die Mutter davon wussten. Und auch so, dass sie ihn schlafen gewähnt hatte. Er verbot sich auch selbst, darüber nachzudenken, wie die „Hirschkuh“ in die Hände seiner Mutter gelangt war. Wunder haben ihre eigenen Gesetze.

Tiny Fierz-Herzberg

23. WIE MAN ZUM ENGEL WIRD

Der Engel der Echtheit

Eine Rolle zu spielen, die man nicht von Herzen ausfüllen kann, ist eine Qual. Auch bei einem Krippenspiel. Manchmal braucht es ein paar Anläufe, um herauszufinden, welche Rolle wirklich zu einem passt.

Wie jedes Jahr sollte auch in diesem die sechste Klasse das weihnachtliche Krippenspiel aufführen. Mitte November begann Lehrer Larssen mit den Vorbereitungen. Thomas, der für sein Alter hoch aufgeschossen war und als Ältester von vier Geschwistern häufig ein ernstes Betragen an den Tag legte, sollte den Joseph spielen. Tinchen, die lange Zöpfe hatte und veilchenblaue Augen, wurde einstimmig zur Maria gewählt, und so ging es weiter, bis alle Rollen verteilt waren, bis auf die des engherzigen Wirts, der Maria und Joseph von seiner Tür weisen sollte. Es war kein Junge mehr übrig. Die beiden Schülerinnen, die ohne Rolle ausgegangen waren, zogen es vor, sich für wichtige Arbeiten hinter der Bühne zu melden. Joseph, alias Thomas, hatte den rettenden Einfall. Sein kleiner Bruder würde durchaus in der Lage sein, diese unbedeutende Rolle zu übernehmen, für die ja nicht mehr zu lernen war als ein einziger Satz, nämlich im rechten Augenblick zu sagen, dass kein Zimmer frei sei. Also erschien Thomas zur nächsten Probe mit Tim an der Hand, der keinerlei Furcht zeigt. Er wollte den Wirt gerne spielen. Mit Wirten hatte er gute Erfahrungen gemacht, wenn die Familie in den Ferien verreiste. Er bekam eine blaue Mütze auf den Kopf und eine Latzschürze umgebunden; die Herberge selbst war, wie alle anderen Kulissen, noch nicht fertig. Tim stand also mitten auf der leeren Bühne und es fiel ihm leicht zu sagen, nein, er habe nichts, als Joseph ihn drehbuchgetreu nach einem Zimmer fragte. Wenige Tage darauf legte Tim sich mit Masern ins Bett und es war reines Glück, dass er zum Aufführungstag gerade noch rechtzeitig wieder auf die Beine kam. In der Schule herrschte Hektik und Feststimmung, als er mit seinem großen Bruder vor Beginn der Weihnachtsfeier erschein. Auf der Bühne hinter dem zugezogenen Vorhang blieb er überwältigt vor der Attrappe seiner Herberge stehen: Sie hatte ein vorstehendes Dach, eine aufgemalte Laterne und ein Fenster, das sich aufklappen ließ. Die Vorstellung begann. Joseph und Maria betraten die Bühne, wanderten schleppenden Schrittes zur Herberge und klopften an. Die Fensterläden öffneten sich und heraus schaute Tim unter seiner großen Wirtsmütze- „Habt Ihr ein Zimmer frei?“, fragte Joseph mit müder Stimmer. „Ja, gerne“, antwortete Tim freundlich. Schweigen breitete sich aus im Saal und erst recht auf der Bühne. Joseph versuchte vergeblich, irgendwo zwischen den Kulissen Lehrer Larssen mit einem Hilfezeichen zu entdecken. Maria blickte auf ihre Schuhe. „Ich glaube, Sie lügen“, entrang es sich schließlich Josephs Mund. Die Antwort aus der Herberge war ein unüberhörbares „Nein“. Dass die Vorstellung dennoch weiterging, war Josephs Geistesgegenwart zu verdanken. Nach einer weiteren Schrecksekunde nahm er Maria an der Hand und wanderte ungeachtet des Angebotes weiter bis zum Stall. Hinter der Bühne waren inzwischen alle mit dem kleinen Time beschäftigt. Tim erklärte, dass Joseph eine so traurige Stimme gehabt hätte, da hätte er nicht Nein sagen können, und zuhause hätte sie auch immer Platz für alle, notfalls auf der Luftmatratze. Herr Larssen zeigte Mitgefühl und Verständnis. Dies sei doch eine Geschichte, erklärte er, und die müsse man genauso spielen, wie sie aufgeschrieben sei – oder würde Tim zum Beispiel seiner Mutter erlauben, dasselbe Märchen einmal so und dann wieder ganz anders zu erzählen, etwa mit einem lieben Wolf und einembösen Rotkäppchen? Nein, das wollte Tim nicht und bei der nächsten Aufführung wollte er sich Mühe geben, ein böser Wirt zu sein. Die zweite Aufführung fand im Gemeindesaal der Kirche statt. Unter ärgsten Androhungen hatte Thomas seinem kleinen Bruder eingebläut, dieses Mal auf Josephs Anfrage mit einem klaren „Nein" zu antworten. Der große Saal war voll bis zum letzten Sitzplatz. Dann ging der Vorhang auf, das heilige Paar erschien und wanderte – wie es aussah etwas zögerlich – auf die Herberge zu. Joseph klopfte an die Läden, aber alles blieb still. Er pochte erneut, aber sie öffneten sich nicht. Maria entrang sich ein Schluchzen. Schließlich rief Joseph mit lauter Stimme: „Hier ist wohl kein Zimmer frei?" In die Stille, in der man eine Nadel hätte fallen hören, ertönte ein leises, aber deutliches „Doch". Für die dritte und letzte Aufführung des Krippenspiels in diesem Jahr wurde Tim seiner Rolle als böser Wirt enthoben. Er bekam Stoffflügel und wurde zu den Engeln im Stall versetzt. Sein „Halleluja" war unüberhörbar und es bestand kein Zweifel, dass er endlich am richtigen Platz war.

Ruth Schmidt-Mumm

24. WEIHNACHTEN IST STRESS PUNKT.

Der Engel der Gelassenheit

Die Autorin erinnert daran, dass wir getrost von einer erzwungenen Weihnachtsharmonie ablassen dürfen.

So, dieser einfache und kurze Satz wäre geschrieben. Er hat mich Überwindung gekostet. Allein ihn von einem Gedanken in meinem Hirn zu einem Satz auf meiner Zunge werden zu lassen, war schon schwer. Geschweige denn, ihn zu tippen, so dass er mich schwarz auf weiß ansehen kann. Knapp und streng.

Darf ich so etwas denken, sagen, schreiben? Mach ich damit nicht irgendwas kaputt? Aber was nur genau? Vielleicht ein kleines, kostbares Bild hinter Glas, das ich tief in mir trage? „Das Weihnachtsfest" steht in geschwungener Goldschrift darunter. Und wenn ich nicht aufpasse, fliegt dieser böse Satz wie ein kleines spitzes Steinchen gegen das Glas. Peng! Und schon ist mein schönes Bild hin.

Dabei sehe ich diesen Satz hinter so ziemlich jeder Stirn, die mir heute begegnet. Am Postschalter hat sich eine Schlange gebildet, die bis in den Nieselregen draußen ragt. Diejenigen, die vor der Lichtschranke der Glastür stehen, sorgen dafür, dass diese sich circa alle vier Sekunden bis zu den

Schultern des Vordermanns schließt. Wenn sie die ein wenig zusammengeschoben hat, öffnet sie sich freundlicherweise wieder. Weit vorne will eine junge Mutter zwei verpasste Paketsendungen abholen. Leider kann sie aber die orangenen Mittteilungskarten im übervollen Netz des Kinderwagens nicht finden, und deshalb fängt sie schon mal an, gleichfalls orangene Apfelsinen und Mandarinen vor den Postbeamten aufzutürmen, um einen besseren Überblick zu gewinnen.

Ganz ruhig bleiben und auch kleine Wartezeiten immer sinnvoll nutzen, sage ich mir. Also beschäftige ich mich gedanklich mit dem jahrhundertealten Nord-Süd-Konflikt: Meine Mutter macht den Kartoffelsalat mit Mayonnaise, meine Schwiegermutter macht ihn mit Fleischbrühe. Nur eine von beiden wird in diesem Jahr mit uns feiern. Und doch weiß ich, dass der Geist der Abwesenden über unserer Tafel schweben und uns fragen wird: Wie könnt ihr ausgerechnet am Heiligen Abend den falschen Kartoffelsalat essen?

Soll ich also der Anwesenden gleich den Salat der Abwesenden vorsetzen? Sozusagen als weihnachtliches Zeichen der Verständigung zwischen Völkern und Kulturen, Hirte n und Königen, rheinischen und badischen Hausfrauen?

Als ich endlich wieder zu Hause bin, erzählt mir meine jüngere Tochter, dass sie zwei Stunden lang bei einer Weihnachtskonzertprobe herumgesessen hat, bis ihre Trompete in den letzten zehn Minuten zum Einsatz kam. Die ältere beichtet, dass sie noch kein einziges Weihnachtsgeschenk hat und sowieso eigentlich kein Geld für auch nur ein einziges. Eine Freundin gibt einen Last-Minute-Weihnachtswunsch ihres Sohnes, meines Patenkindes, durch „irgendwas mit Formel 1"). Und mir fällt plötzlich ein, dass ich mich dringen im Kleiderschrank meiner Nachbarin nach schwarzer Kleidung für das Weihnachtskonzert am 4. Advent (sprich: übermorgen!) umsehen muss – entgegen aller Vernunft halte ich nämlich daran fest, dass mir schwarz nicht steht und mogle mich von Konzert zu Konzert durch.

Und da ist er plötzlich, dieser Satz. Ganz klar steht er mir vor Augen: Weihnachten ist Stress. Und Weihnachten war wahrscheinlich immer schon Stress. Für eine schwangere Reisende, für einen vermutlich total genervten So-gut-wie-Vater, für aufgeschreckte Hirten, für einen überempfindlichen König, für völlig irritierte Weise …

Es ist also alles in Ordnung. Oder besser: alles in schönster weihnachtlicher Unordnung. Frohes Fest – trotz alledem oder mitten in alledem oder gerade wegen alledem!

Hanna Schott

QUELLENVERZEICHNIS

Iris Berben: „Warum mir Weihnachten gefällt", aus: Eilige Nacht. Etwas andere Weihnachtsgeschichten. Hrsg. von Iris Berben © Verlag Herder GmbH, Freiburg i. Br. 2014, S. 8.

Ursula Berg: Graffiti-Weihnachten, aus: Cornelia Haverkamp, Das Weihnachtskamel und andere Geschichten, Gießen 2016, www.brunnen-verlag.de.

Doris Bewernitz: „Überraschungen", S. 77ff / „Das Krippenhuhn", S. 34ff, aus: Dies., Spuren im Schnee. Geschichten zur Weihnachtszeit © Verlag Herder GmbH, Freiburg i. Br. 2015.

Ingrid Boller: Kindliches Vergnügen, aus: Dies., Vom Glück draußen zu sein. Schöne Gedanken und Tipps für jede Jahreszeit © 2012 Neukirchener Verlagsgesellschaft mbH, Neukirchen-Vluyn, S. 110.

Hanna Buiting: Herr Berge lädt ein, S. 15f / Pippi Langstrumpf in der Krippe, S. 32f, aus: Dies., Vom Warten, Wundern und Wenigeristmehr. 24 mal Vorfreude im Advent © 2015 Neukirchener Verlagsgesellschaft, Neukirchen-Vluyn, S. 15f.

Catarina Carsten: Mummy - oder wie man schnell wieder gesund wird, aus: Dies., Ich wünsche gute Feiertage.© 1998 Verlag am Eschbach der Schwabenverlag AG, www.verlag-am-eschbach.de.

Ylva Eggehorn: „Maria – Eine Frau sagt Ja und wird ein Ich", aus: Dies., Frauen in der Bibel. Bibel verstehen. Übersetzt von Rainer Haak © Verlag Herder GmbH, Freiburg i. Br. 2012, S. 88.

Tiny Fierz-Herzberg: Die Hirschkuh, aus: Gundel Paulsen (Hg.), Weihnachtsgeschichten vom Niederrhein, 6. Aufl. 1993.

Margot Käßmann: Warten mit Begeisterung, aus: Dies., Weihnachten zieht weite Kreise, Lutherisches Verlagshaus GmbH, Hannover, 2003.

Ruth Schmidt-Mumm: „Wie man zum Engel wird", aus: Ursula Richter (Hg.), Die schönsten Weihnachtsgeschichten am Kamin, Copyright © 1998 Rowohlt Taschenbuch Verlag GmbH, Reinbek bei Hamburg.

Ute Elisabeth Mordhorst: „Draußen vor den Schaufenstern", aus: Dies., Vom Schneemann, der nicht tauen wollte. Besondere Weihnachtsgeschichten © Verlag Herder GmbH, Freiburg i. Br. 2015, S. 91f.

Waltraud Neunert: Das türkische Enkelkind, aus: Frau Fröhlich feiert anders. Beherzte Geschichten und Gedanken, Verlag am Eschbach 2015 © Waltraud Neunert, S. 12.

Hanna Schott: Weihnachten ist Stress, aus: Ehre sei Gott und den Menschen Frieden, Hrsg. von Diakonie Rheinland-Westfalen-Lippe e.V., © Hanna Schott, S. 4ff.

Peter Spangenberg: Drei Fragen für Großmutter, aus: Wunderbare Weihnachtsfrauen. Weihnachtsgeschichten, Verlag am Eschbach 2015 © Rechte beim Autor, S. 25ff.

Christa Spilling-Nöker: „Mandeln, Zimt und Marzipan", S. 9ff / „Vom Stern, der Licht ins Leben bringt", S. 73ff /„Die närrische Alte", S. 103ff, aus: Dies., Vom Stern, der Licht ins Leben bringt. Und andere Weihnachtsgeschichten © Verlag Herder GmbH, Freiburg i. Br. 2015.

Doris Wohlfarth: Angekündigter Besuch, aus: Wunderbare Weihnachtsfrauen. Weihnachtsgeschichten, Verlag am Eschbach 2015 © Doris Wohlfarth, S. 3ff.

Wir haben uns bemüht, alle Quellen ausfindig zu machen. Wo es uns nicht gelungen ist, sind wir dankbar für Hinweise.